아힌사

인도의 불살생 전통과 비폭력 사상

차례

Contents

들어가는 말

어느 사회에서든 삶에 영적 길을 제시해 주는 위대한 성자가 있다. 베다시대부터 오늘에 이르기까지 인도에서 가장 영향력 있는 성자는 영적인 완성을 위해 세상을 포기한 고행자이다. 고행자는 실재의 가장 깊은 차원과의 일치를 경험하며 완전한 자유를 발견한다. 그것은 이 우주 안의 어떤 힘으로도 제한할 수 없는 자유이다. 이들 성자—마하비르, 석가모니, 마하트마 간디—들은 옛날부터 불완전한 인간 존재를 그것이 간직하고 있는 잠재적 위대함과 완전성으로 변화시킬 수 있는 길을 모색하였다. 이들은 인도인의 상상력을 키우고 영적 진보의 길을 보여 주었던 위대한 성자들이다. 이 영적 변화는 오랜 세월 동안 인도인들에게 인생의 궁극적 목적이 되어 왔다.

아힌사(Ahinsa: 불살생, 비폭력) 사상은 이 지구상의 모든 종교의 근본으로, 역사상 수많은 선지자들이 이 주장을 부르짖고 행동으로 옮겨오고 있다. 그러나 실제로는 종교의 이름으로 여기저기에서 폭력이 사용되고 있다. 인간은 이 세상에서 시간이 되면 죽는 존재임에도 불구하고 탐욕으로 분쟁과 폭력을 거듭하고 있는 것이다.

오늘날 세계 도처에서는 인종, 문화, 빈부, 종교 또는 이념 등으로 인해 갈등과 긴장이 고조되고 있으며, 이러한 것들은 모두 파괴적인 폭력의 형태를 취하고 있다.

아주 먼 옛날부터 채식주의와 아힌사, 그리고 안분지족하는 생활 태도, 이 세 가지를 인도인의 일반적인 특징으로 꼽는데, 이것은 모두 아힌사 사상에서 나온 것이다. 인도 문명의 정수로, 힌두교의 정통사상(The Orthodox Hindu Religion)으로 불리는 이 아힌사 사상이 인도 사회에서 어떻게 형성·발전되었으며, 특히 마하트마 간디 시대에 이르러 어떻게 전개되었는가를 살펴보기로 한다.

아힌사의 어원과 의미

먼저 그 어원적 의미를 보면, 산스크리트(Sanskrit)에서 힌사(Hinsa)는 '인명이나 재산에 상해나 해를 가하는 것'(Injury(harm) to life or property)이다. 여기에 부정 또는 반대를 나타내는 접두어 아(A)가 붙어, 반대의 의미인 아힌사(Ahinsa), 즉 불살생·비폭력의 의미가 된 것이다.

산스크리트 사전에서는 Ahinsa를 다음과 같이 기술하고 있다.

Ahinsa: literally means, non-injury, or, more narrowly, non-killing, and more widely, harmlessness, the renunciation of the will to kill and of the intention to hurt any living thing, the abstention from hostile thought, word and act.

　　아힌사: 문자 그대로는 불상해, 혹은 좁은 의미로는 불살생, 그리고 좀 더 넓은 의미로는 어떤 생명체에 해를 가하려는 생각과 죽이려는 의지를 단념하는 것, 적대적인 생각과 말, 행동을 거부하는 것을 의미한다.

　우리는 일반적으로 어떤 생명체에 상해를 가하거나 그것을 살생하는 것만을 '힌사'(폭력 또는 살생)로 알고 있다. 그러나 그러한 생각을 품는 의도나 그것을 불러일으키는 말과 행동까지도 넓은 의미에서는 '힌사'이다. 그러므로 아힌사는 어떤 생명체에 대해 해침이나 상해를 가하지 않음은 물론이고 나아가 그러한 의도조차 품지 않는 것을 말한다. 이것은 인도의 전통적인 윤리의 초석과도 같은 것으로서 특별히 자이나교와 마하트마 간디의 사상에서 두드러지게 나타난다.

　아힌사는 힌두교나 불교, 자이나교에 따라 다소 다르기는 하지만, 이들 종교의 근간이 되고 있다. 이들 종교에 나타난 아힌사는 '다르마'(Dharma: 일반적으로 종교적인 제사, 정의와 도덕의 책무, 사회를 지배하는 법과 전통을 가리키기도 하고 개인, 가족, 사회적 계급, 전체 사회를 유지하고 지탱하기 위해 반드시 해야 할 일을 지칭하기도 한다)와 대등한 것으로 구원(Moksha)의 필요 불가결한 수단이 되었던 것이다.

　아힌사의 본래 의미는 생명 존중에 있다. 생명은 절대 가치이다. 모든 생명은 동일하고, 이 생명을 위하여 인간의 역사는 진보하고 발전하는 것이다. 생명의 무한 가치를 인정하는 것이 아힌사의 실현이다. 상해도, 살생도, 공포도, 폭력도, 억압도 없는 아름다운 사회에서 생명의 가치는 더욱 빛을 발하게 되는 것이다.

힌두교에 나타난 아힌사

힌두교의 다양성

힌두교 안에는 서로 상반되거나 모순되기도 하는 신념과 의식이 공존하고 있다. 거기에는 모든 종교적, 철학적 사고의 유형이 들어 있다. 유심론도 있고 유물론도 있다. 일원론, 이원론, 다원론이 다 같이 존재한다. 무신론이 있는 반면 다양한 형태의 신神 관념도 존재한다. 엄격한 고행으로 해탈을 얻는 방법도 있지만, 쾌락을 추구하는 수행법도 있다. 말하자면 힌두교는 '이것이 힌두교이다'라고 단정할 수 있는 특별한 교리가 없으며, 모든 사상과 교리를 다 수용하고 있다.

모든 종교가 다양한 믿음과 실천의 형태를 가지고 있지만, 특히 힌두교는 다른 종교에 비해 종교적인 신화와 신비스러운 요소를 많이 지니고 있다. 때문에 힌두교도들은 독특한 의식과 의례를 행함으로써 힌두교를 더욱 강하게 결속시키고 있다. 힌두교도들에게는 그들이 알아야 할 지적, 정신적인 신앙보다 전통적으로 그들이 지켜야 할 의무(dharma)적인 일들이 더 많다. 그들은 어떤 특정한 교리나 사상보다는 생활의 모든 부분에 스며들어 있는 전통적인 관행과 인습을 따르고 있다. 또한 사회생활이나 일상생활의 측면에서도 그들은 카스트에 따른 사회 계급을 종교적으로 신성시하고 있으며, 그에 따른 종교적 의무·의례·관행도 다양하게 받아들이고 있다. 힌두교는 단일한 신앙이나 행위 체계가 아닌 '힌두인들이 믿는 다양한 종교 형태의 복합체'라고 말할 수 있다.

힌두교는 기독교나 불교, 이슬람교와는 달리 어느 특정 선지자가 만들었거나, 또는 특정 경전을 바탕으로 하는 종교가 아니다. 그것은 인더스 문명(Indus Civilization)에서부터 시작된 수천여 년의 역사 가운데 인도에 들어온 여러 종족들의 문화와 종교, 철학, 사상 등을 포용하고 그것에 동화되어 이루어진 것이다.

인도에는 유입 순서에 따라 크게 다섯 종족이 있다. 아프리카에서 아랍과 이란의 해안지방을 거쳐 들어와 인도 남쪽 및 동북부에 살고 있는 니그로족(Negritos), 옛 지중해인의 분파로 생각되는 원시 오스트레일리아족(Proto-Australoids), 드라비다족, 아리안족(Aryans), 그리고 인도의 동북부 아쌈, 부탄, 네팔 등지에 살고 있는 몽골족(Mongoloids)이다. 오랜 역사의 흐름 속에 인도에 들어온 이들 종족들의 문화와 종교, 철학 등이 혼합된 것이 바로 힌두 문화이다. 그러나 힌두 문화의 상당 부분이 아리안족의 생활에서 나왔기 때문에 일반적으로 힌두 문화를 베다 문화의 동의어로 여기기도 한다. 따라서 좁은 의미의 힌두 문화는 아리안족이 인도에 이주 정착하면서부터(BC 2000~BC 1500) 시작된다고 할 수 있다.

아리안 문화

아리안족이 어디에서 왔는가에 대해서는 여러 가지 학설이 있다. 소아시아의 고원지대(Asia Minor highlands)에서 왔다는 설, 중앙아시아에서 왔다는 설, 유럽의 어느 곳(Somewhere in Europe)이라는 설, 유라시아 평원(Eurasian Plain)이라는 설 등이다. 그러나 대개 이들은 기원전 3000년 후반기에 처음으로 동 소아시아(Eastern Asia Minor)와 북 메소포타미아의 문명인들과 접촉한 것으로 추정한다. 그 후 BC 2000년경에 이들은(인도-이란인) 북 메소포타미아에 도착하게 된다. 그들 중 일부는 소아시아와 메소포타미아에 정착하고 나머지는 동쪽으로 ― 이란과 인도로 ― 계속해서 내려왔다.

아리안족(Indo-Aryans)은 원래 유목민으로 중앙아시아 지역에서(BC 2000~BC 1500) 힌두쿠시 산맥과 카불 또는 길기트와 치트랄(히말라야 산맥)을 넘어 처음에는 신드(편잡) 지방에 정착했다. 그리고 여기서 다시 남동쪽(갠지스강 유역)으로 이주해 가면서 농경생활을 시작하고 촌락을 형성해 나갔다. 그들은 감정이 풍부하고 호쾌하며 문학적인 감각이 뛰어난 종족이었다.

그들은 신비스런 자연 현상ー번개, 천둥, 비, 태양, 불, 달 등ー의 힘에 자신들의 안전과 번영이 달려있다고 여기고 그것을 신격화神格化하여 숭배하였다. 그들은 동물을 잡아 술(Soma), 곡식 등과 함께 제단 위에 올려놓고 주문을 외우면서, 비를 구하거나 질병 퇴치, 싸움에서의 승리, 가족의 건강 등을 위해 인드라(신들의 우두머리, 전쟁의 신, 우뢰의 신), 바루나(우주의 지배자, 법의 신, 비의 신), 아그니(화신), 수르야(태양신) 등의 신들에게 제祭를 올렸다. 그들은 이 신들이 인간을 창조하고 파괴하며 삶을 보존시키는 신비로운 능력을 지니고 있다고 믿었다.

오! 인드라 신이여! 보물 중에서 최상급을 우리에게 허락하소서.
착한 마음과 행복한 사랑,
늘어나는 부와 건강한 몸을,
능력 있는 말과 행복한 인생을. (『리그베다』)

여기서 우리는 베다시대의 현인들이 오늘날 우리가 갈망하는 선과 사랑, 건강과 부, 행복한 인생 등 보편적인 가치를 기원했음을 알 수 있다.

> 오! 위대한 신이여, 저를 위대하게 하소서.
> 모든 존재들이 저를 친구로 보고,
> 제가 모든 존재들을 친구로 여기게 하소서.
> 우리 모두가 서로 서로 친구가 되게 하소서. (『리그베다』)

이 주문에서 강조하는 사회 속의 우정은 그 바탕에 사랑, 아힌사가 깔려 있는 것이다. 한편 아래의 주문에서는 물질적 욕심에 의한 힌사를 경계하고 있다.

> 인간들의 길은 많기도 하네.
> 우리의 생각은 여러 갈래로 날아간다.
> 수레장이는 사고나기를 바라고
> 의사는 다친 사람을,
> 승려는 부자 보시자를.
> 날이면 날마다 대장장이는 구하네,
> 금을 많이 가진 고객을.
> 인더스강이여 흘러라. 인드라 신을 위해 흘러라.

> 나는 가수, 아빠는 의사.
> 엄마는 맷돌로 밀가루를 갈고
> 우리 생각은 모두 이익을 위하네,
> 우리가 암소처럼 터벅터벅 걷는 동안,

인더스강이여 흘러라. 인드라 신을 위해서 흘러라.

(『리그베다』)

베다시대에는 아리안족의 생활이 곧 종교의식(Yajna)이었다. 이러한 종교의식에 수많은 동물들이 제물로 바쳐지는 것은 물론이고 제사의식을 주관하는 브라만(Brahman)들은 육식을 즐겨 동물의 살생이 만연했었다. 『리그베다*Rig Veda*』를 보면 인드라와 아그니 신은 황소와 암소의 고기를 먹으며, 그래서 말과 황소, 암소, 양 등이 아그니 신에게 제물로 바쳐졌다고 기록되어 있다.

호쾌한 유목민인 아리안족에게는 동물을 잡아 제단에 바치는 것이 종교의식이었고 그들은 그 고기를 먹기도 하였다. 제사의식을 주관하는 브라만들은 동물의 살생이 곧 종교의식이라고까지 여기게 되었다. 제사의식의 제물로 바쳐지는 동물은 암소, 황소, 염소, 양, 돼지, 말, 코끼리 등이었으며, 그 수는 500-700두 가량 되었다고 한다. 베다시대의 힌두 성직자인 브라만은 종교의식을 자기네들의 쾌락과 향락의 수단으로 삼아, 모든 제사의식을 강력히 지지하면서 동물의 살생을 멈추지 않게 하였다. 제사에 의해서 그들의 신분과 생활이 영위되었고 살생(힌사)이 없는 제사의식은 풍성할 수 없었기 때문이다. 브라만들은 지상에 있는 신인 양 행동하면서 의식적으로 제사의식의 규범을 어렵고 복잡하게 만들어 그들의 권위를 영속화하였다.

베다시대의 문학

베다시대의 문학은, 이 지구상에서 가장 오래된 문학작품으로 꼽히는 『리그베다』를 포함한 4가지 베다(『사마베다Sama Veda』 『야주르베다Yajur Veda』 『아타르바베다Atharv Veda』)와 『브라만 문집 Brahman Grant』 『아란야크Aranyak』 『우파니샤드Upanisad』 등이 있다. 『리그베다』는 신에 대한 찬가와 당시의 우주관, 철학관, 신관 등의 내용을 담고 있으며 기원전 1500~1200년 사이에 지어진 것으로 추정된다. 『사마베다』는 『리그베다』의 신에 대한 찬가를 일정한 형식으로 묶고 그 찬양의 해석과 상징적인 의미 등을 기록한 것이다. 『아타르바베다』는 실제 일상생활과 밀접하게 관련된 건강, 장수, 질병 치료, 죽음 등의 문제를 담고 있으며, 『야쥬르베다』는 주로 제례의식의 다양한 형식적 관례를 다룬 것이다. 『브라만 문집』은 베다를 해설해 놓은 것으로 힌두교 성직자(브라만)가 행하는 종교의식의 종류와 내용, 기도 방법 등을 설명하고 풀이해 놓은 해설집이다. 베다는 인생의 지혜서로서 인간 존재를 완성시켜 주는 신성한 존재에 대한 지식이다. 이 신성한 지식은 단순한 이지적 지식을 초월하는 것이다. 그것은 위대한 성자들의 심성에서 나온 지혜로 인간의 존재가 가진 웅대함, 신비로움, 환희를 우리에게 일깨워 주는 것이다.

베다시대의 사람들은 존재 자체가 제사의례에 있었으므로 거룩한 제사보다 더욱 가치 있거나 신성한 것은 아무 것도 없었다. 가족 단위로 제사를 지내기도 하고 어떤 때는 전 부족이 대규모로 희생 제물을 바치기도 하였다. 기도와 제물 헌공을 통하여 기원하고 추구했던 것은 자식을 비롯하여, 건강, 장수, 명성, 부, 전쟁에서의 용기, 지성, 행복한 가정, 풍년, 가축의 증식 등이었다.

베다와 『브라만 문집』이 종교적 제사 의식(Yajna)과 그 전통을 너무 강조하자, 이에 반대하는 새로운 사상이 싹트게 되었다. 기원전 8세기경의 인도는 지적 불안과 의심의, 그리고 심적·정신적 격동기였다.

'인생은 어디까지이고, 사후는 어떻게 되며, 이 우주는 어떻게 형성되어 움직이며, 그리고 이 우주를 움직이는 것은 무엇인가' 하는 등의 의문을 제기하고 사고하는 사상가들이 나타났다. 이와 같은 지적 움직임에서 이후 인도철학이 나오게 되는데, 이들의 영향으로 가정과 현실을 떠난 은둔자와 고행자의 수가 늘게 되었다. 즉, 브라만의 지나친 외형적 종교의식과 신들의 숭배에 반대하고, 나아가 그러한 종교의식의 생성과 발전 과정, 그리고 그 의의 및 중요성에 대해 속세를 떠나 숲 속에서 사색·연구하는 사람들이 있었는데 바로 그들이 쓴 문헌이 『아란야크』이다.

초기 우파니샤드 시기에 이르러 인생에 대한 고(苦)와 속박이라는 문제로 영적 자아와 영적인 세계를 중히 여기고 육신적 자아와 물질적 세계를 낮게 평가하는 경향이 커지게 되었다.

제사는 물리적 행동과 물질을 사용했지만 해탈이라는 사유는 영적인 존재에 대한 자각이기 때문에 종교적 제사보다는 지식을 더 강조하게 되었다. 이러한 사유는 개인적·사회적 규범들을 발전시켰고, 그 규범들은 주요 도덕적·사회적 가치를 구현하는데 기여하였을 뿐만 아니라 구원이라는 영적인 목적을 추구하게 만들었다.

　　이와 같은 지적 운동은 우파니샤드 시대(기원전 8세기경)에 이르러 더욱 활성화된다. 우파니샤드의 주된 관심은 자기 자신과 세상과 우주의 원리 그리고 그들의 상호관계에 관한 것이다. 나는 누구인가? 나의 의식은 언제부터 생겨난 것인가? 내가 죽으면 나의 의식은 남을 것인가, 육신과 함께 사라질 것인가? 생명은 물질인가, 정신인가? 이러한 문제들로 고민한다는 것은 진리를 탐구한다는 것과 같은 의미이다. 『우파니샤드』는 베다의 여러 부분에 나타나 있는 인생의 본질에 관한 철학적 사상이 발전한 것으로, 『브라만 문집』이 외양적인 종교의식을 강조한 반면, 『우파니샤드』는 내적인 지식을 강조하고 있다. 이들은 제사의식에 따른 행위주의에서 벗어나 우주와 인생의 오묘한 지식과 진리를 탐구하였다. 우파니샤드는 '제자가 스승 가까이 앉아 전수받는 지식 또는 가르침'이라는 의미를 담고 있다. 우주의 '나'를 '브라흐만'이라고 한다면 개체로서의 '나'는 '아트만'이라고 할 수 있다. '브라흐만'은 '넓게 퍼져 어디든지 존재하는 것'이라는 뜻으로 전지전능하고 완전한 존재를 말한다. '브라흐만'은 모든 세상의 동력이며 원천이다. '아트만'은 '항시 일정하게 움직여 퍼지다'는 뜻을 가지고 있는데,

사람의 육신을 채우고 있는 기 또는 숨으로 불리기도 한다.

　『우파니샤드』에서는 '브라흐만과 아트만은 다르지 않으며 이 둘은 하나이다'라고 말하고, 구원을 얻기 위해서는 브라흐만과 아트만의 합일을 가르치고 있다. 그리고 이에 이르기 위해서는 타인에게 선善을 행하고 바른 생활을 영위하는 것이 전제되어야 한다고 말한다. 또한 윤회의 법칙, 즉 인간이 이 세상에서 선을 행하고 착하게 살면 내세에 더욱 좋게 태어난다는 것을 『우파니샤드』는 제시하고 있는데, 이것은 인간이 자신의 행동에 있어서 개선을 거듭함으로써 나중에는 태어나고 죽는 고苦로부터 완전히 해방되어 영원한 구원을 얻는 것, 즉 '브라흐만'이 되는 것이라고 가르치고 있다. 업業에 관해 『우파니샤드』는 이렇게 적고 있다. (『브리하드아라나카 우파니샤드』 『카타 우파니샤드』)

　　　그가 행하는 대로 이루어지리니
　　　선업을 쌓으면 그 쌓인 선업으로 선하게 되고
　　　악업을 쌓으면 그 쌓은 악업으로 악하게 되노라.

　　　무지의 인간은 그 업보나 그 생각하는 바에 따라
　　　또 다시 그 자신이 모르는 육신을 입으러 세상으로 가리라.
　　　그러나 어떤 사람들은 그처럼 왕래하지 않는다.
　　　행함에 따라, 생각하는 바에 따라
　　　각기 그 처지가 다른 것이니.

구도자의 마음속에 있는 욕망들이 완전히 사라지면
그때 그 사람의 죽음은 죽음이 아닌 것이 될 것이요,
육신을 입은 채로 브라흐마를 받아들일 수 있게 되리라.

또한 『우파니샤드』는 인생의 진정한 목적과 행복은 순간적인 쾌락이나 부富에 있는 것이 아니고 구원을 향한 고행에 있음을 강조하고, 인간은 어느 누구도 타인에게 슬픔을 안겨주거나 어떤 생물체도 살생할 권리가 없다고 가르치고 있다.

죽음의 신이여!
그런 쾌락들은 언제 사라질지 모르는
그야말로 헛된 것들입니다.
게다가 사람들의 정신을 갉아 먹지요.
이 짧은 인생에 그런 쾌락들은 어울리지 않습니다.
저에게 주시지 말고 그냥 가지고 계십시오.
재물을 많이 갖게 된다고 해서
만족하지는 않습니다.
재물이야 얻을 만큼 얻을 것이요,
저의 수명도
당신께서 정하시고 다스리는 동안은 지속되지 않겠습니까?
저는 죽음에 관한 가르침 말고 다른 것을 원할 것이 없습니다.

훌륭한 것과 쾌락을 주는 것은

항상 인간에게 동시에 부딪혀 오는 것이다.
지혜가 있는 사람은 그 두 가지를 알아보고 구별해 내지만
보통 어리석은 사람은
그저 흘러가는 대로 몸을 맡기므로
쾌락을 주는 것을 택하게 된다.

무지에 갇혀
그 의식을 통제하지 못하는 사람은
그 지혜가 영구한 순수함에 이르지 못하여
최종 목적지까지 가지 못하고
출생과 죽음의 윤회의 길을 따라
이 속세로 다시 내려온다.

지혜롭고
마음을 통제하여
그로써 영구한 순수함에 도달한 사람은
그 목적지까지 도착하여
이 고통스런 출생과 죽음의 쳇바퀴 속으로
다시 내려오지 않고
이 세상의 여로를 마치고
신의 그 지고의 경지에 도달하게 되리라.

＜div align="right"＞（『카타 우파니샤드』）＜/div＞

나아가서 브라만과 비非브라만의 구분은 쓸데없는 무익한

것이라고 선언하고 인간은 출생에 의해서가 아니라 그 행동에 의해서 위대하다는 것을 강조하고 있다.

위에서 본 몇 가지 『우파니샤드』의 사상에서 덕행이 강조되고 있음을 알 수 있는데, 바로 여기에 아힌사는 없어서는 안 될 요건이었다. 따라서 마하비르나 석가모니 이전에 아힌사 사상은 존재하고 있었으며, 다만 이들 두 성자가 그것을 특히 강조한 것임을 알 수 있다.

일부에서는 오늘날 인도 문화의 물질적인 발달과 인도 문학 속의 풍부한 감정의 흐름은 아리안족의 성격에서 비롯되었다고 하지만 인도 문화의 정신적인 특징으로 알려진 아힌사, 인내와 관용, 세상사에 초연한 은둔사상은 드라비다족의 특성에서 나왔다고 주장하기도 한다. 이 말은 아리안족이 들어오기 전에 이미 인도에는 아힌사 사상이 있었다는 것이다.

'아힌사'라는 단어가 『찬도기야 우파니샤드*Chandogya Upanishad*』에 처음으로 다음과 같이 사용되었다.

  - 고행과 자비, 정직, 남에게 해를 가하지 않으려는 생각
  등은 실질적인 제사(종교)의식에 기여하는 것이 된다.
  - 전생수生을 통해 고행을 하고 성지를 제외한 곳에서
  모든 동·식물을 해치지 않는 사람은 브라흐마의 세계에 도
  달하며 다시 인간으로 돌아오지 않는다.

『우파니샤드』는 사람들에게 아힌사를 따를 것을 권하고 있

지만 동물을 잡아서 신들에게 제물로 바치는 것은 금하고 있지 않으며, 오히려 성지(Holy Place)에 가서는 그러한 제물을 바치는 것을 하나의 의무로 여기고 있다. 제물로 바치기 위해 동물을 살생하는 것은 아힌사에 모순되는 행위가 아닌 것으로 여겼으며, 이것을 통해서 사람들은 '브라흐만'의 세계에 도달하는 기회를 증진시키는 것으로 여겼다.

힌두교나 불교, 자이나교뿐만 아니라 인도에서 생겨난 모든 사상들은 우파니샤드를 기초로 하여 발전하였다. 싯다르타 붓다가 부패한 힌두교 사제들의 권위를 끌어내리고, 당시 힌두사회로서는 도저히 용인될 수 없는 인간 평등주의를 주창한 것은 이전까지의 베다의 전통적인 권위주의에 반기를 든 우파니샤드와 맥을 같이 한다.

서사시 시대

베다시대 다음으로 『라마야나*Ramayana*』와 『마하바라타*Mahabharata*』로 대표되는 서사시 시대가 이어진다. 이 시기의 인도 대륙은 정치적으로 여러 개의 소왕국으로 나뉘어 있었다. 그러나 이들의 종교나 사회적 전통, 풍습 등은 같았으며 사람들은 자기의 카스트(Varna)에 따라 의무(Svadharma)가 엄격히 구분, 규제되어 있었다. 『라마야나』는 BC 5세기경의 작품으로 신神적인 인간, 라마(Rama)의 일대기를 그린 것이다. 라마는 가장 이상적인 아들이자 형, 남편, 그리고 가장 이상적인 왕으로 묘

사되며, 그의 부인 시타는 가장 이상적인 아내로서 모든 힌두교도 아내의 귀감이 된다. 작품 속에는 이상적인 왕과 신하 관계, 부부애, 형제애 등의 모습이 담겨 있다. 『라마야나』는 일상생활에서 힌두교도들이 각자의 위치에서 지키고 행해야 할 이상적인 행동모델을 제시하고 있다.

『마하바라타』는 BC 4세기경의 작품으로 왕위 계승을 둘러싼 바라타(Bharata)족의 전쟁 이야기를 그 중심 소재로 하고 있으며 많은 신화, 전설, 종교, 철학, 정치, 윤리, 역사 등의 내용이 포함되어 있어 인도 문화의 보고寶庫로 불린다. 이 두 서사시는 인도인들의 모든 생활 영역에 깊은 영향을 주었고 현재뿐만 아니라 앞으로도 계속 인도인들의 삶 전체에 영향을 미칠 것이다. 왜냐하면 그 속에 힌두 문화의 근간이 되는 모든 사상들이 들어 있기 때문이다.

『마하바라타』에서는 아힌사를 따를 것을 크게 강조하고 있는데, 그 몇 가지 예를 보면 다음과 같다.

　－ 아힌사는 최고의 다르마(법, 도덕, 의무, 덕)이며, 고행인 동시에 최고의 진리이다.
　－ 인간은 눈이나 마음, 목소리로 다른 사람의 감정을 상하게 해서는 안 되며, 타인을 비방하거나 욕해서도 안 되고 어떤 생물체에게라도 아픔을 주거나 다치게 해서는 안 된다. 늘 선하고 착한 행동을 해야 되며 화가 났을지라도 좋은 말로 즐거운 기분으로 대화를 해야 하며, 모욕을 당했을지

라도 대답은 겸손하게 기쁜 마음으로 해야 한다.

 – 인간은 상해나 악의에 찬 모든 행동을 단념해야 한다. 인간은 고결한 성품을 가져야 한다. 모든 생물체에 아무런 해를 가하지 않는 생활 자세는 최고의 도덕이다.

 – 어떤 생물에도 상해를 가하지 않는 모든 행위는, 현세現世는 물론, 내세來世에도 그 행위자에게 유익한 것이 된다.

이와 같이 우리는 『마하바라타』가 아힌사의 준수를 특히 강조함을 볼 수 있다. 그러나 아힌사가 자기의 직업상(우주의 질서를 유지하는 카스트상) 의무와 상치될 때는 아힌사보다는 의무를 우선하게 된다. 의무가 아힌사의 준수보다 우선함에 대해서는 『바가바드기타』(『마하바라타』의 부록)에 더욱 분명하게 기술되어 있다. 『바가바드기타』는 쿠루크세트라 전쟁이라는 역사적인 사건을 무대로 한다. 하스티나푸라(Hastināpura)에 자리잡은 쿠루족의 사촌형제 가문, 즉 코우라우(Kaurava) 형제들과 판다우(Pāṇḍava) 형제들이 쿠루크세트라 평원에 군대를 집결시켜 놓고 왕권을 차지하기 위하여 전쟁을 벌이려는 극단적인 상황에서 『바가바드기타』의 가르침은 시작된다. 『바가바드기타』는 전쟁이 벌어지려고 하는 순간에 판다우 가문의 다섯 형제 중 셋째인 아르주나(Arjuna)와 그의 마부 크리슈나(비시누 신의 화신) 사이에 나눈 대화를 적은 것이다.

크샤트리아(Kshatriya: 무사계급)의 의무는 다르마를 보호하고 정의를 위해 싸우는 것으로, 아힌사의 면에서 생각해서는 안 되며 전쟁에서 적을 죽이는 것은 필요한 행위이며 의무이다. 『바가바드기타』는 신에 대한 확고한 헌신과 믿음을 강조하고 정의를 따르며 선악을 구분하여 각자의 의무를 수행하고 따를 것을 적시하고 있다.

> 아르주나여,
> 전사로서의 그대의 의무를 생각하고 흔들리지 않도록 해라.
> 전사에게는 정의를 위해 싸우는 것보다 더 좋은 길이 없다.
> 정의를 위한 이런 전쟁에 참여하게 된 전사는 기뻐해야
> 한다.
> 이런 전쟁에서 자신의 의무를 다함으로써
> 하늘나라에 들어갈 기회가 온 것이기 때문이다.
> 그대가 정의를 위한 이런 전쟁에 참여하지 않는다면
> 그것은 죄를 짓는 일이고
> 의무를 저버리는 일이며
> 그대의 명예를 더럽히는 일이다. (『바가바드기타』)

아르주나와 크리슈나의 대화는 인도의 일반인뿐만 아니라 인도의 사상가, 나아가 전 세계의 사상가들에게도 정신적 지혜의 보고이며 행동철학의 지주가 되어 오고 있다.

인도의 6파 철학 가운데 하나인 『푸르브 미만사*Purva Mimansa*』에서는 "경전에 규정된 살생(Sastriya Hinsa)은 합당한 것이다. 왜냐하면 그것은 고통보다 더 많은 즐거움을 가져오기 때문이며

적을 죽이는 것은 경전(Sastras)에 허용되어 있지 않은 경우에만 나쁘다"라고 기록하고 있다.

그러나 인도 철학의 바이쉐시카(Vaiseshika)파는 『마하바라타』와 『푸르브 미만사』에 나타난 제한적인 아힌사의 견해와는 다르다. 그것에 의하면, "아힌사의 준수는 모든 카스트의 의무이다"라고 규정하고 있다. 인도 철학의 일파인 '샴카(Samkhya)'와 '요가(Yoga)' 철학 또한 절대적인 아힌사의 준수를 강조하고 있다.

위에서 본 바와 같이 힌두교나 힌두 사회 전통은 아힌사를 하나의 덕으로 여기고 있으며, 그것이 자기의 카스트에 의한 의무와 대치될 때는 아힌사보다는 의무가 우선함을 볼 수 있다. 그러나 『푸르브 미만사』를 제외한 인도 철학에서는 카스트에 관계없이 엄격한 아힌사의 준수를 명하고 있다.

자이나교에 나타난 아힌사

베다 전통에 반대하는 사고는 『우파니샤드』를 지은 사람들에 의해 비롯되었지만 일반 국민들의 마음속으로부터 베다의 전통이나 권위를 없애려는 시도는 마하비르와 붓다에 의해 전개되었다. 베다는 종교적 제 의식(Yajna)을 가장 중요시했는데, 이렇게 되자 당시 사회에서는 이러한 종교의식을 거행하는 브라만의 권위가 강화되고 신성시되었다. 이러한 사실에 회의와 비판이 일기 시작하여 마침내 기원전 5~6세기경 베다 문화와 종교의식에 반대하는 강한 반발이 일어났는데 이것이 마하비르와 붓다에 의한 자이나교와 불교의 발생이다.

기원전 8세기 이전에 나온 자이나교는 속박과 해탈에 관한 철학적 모델과 도덕적인 행동의 모범, 그리고 인간 경험과 이성에 대한 강조를 통하여 인도인의 삶에 깊은 영향을 주었다. 자이나교는 업의 물질의 속박에서 영혼을 해방시키기 위한 자비의 길, 고행의 길, 자기억제의 길이다. 자이나교도는 말 그대로 지나(Jina: 영적인 승자)의 추종자들이다. 지나들은 신적인 화신도 아니며, 어떤 종교의 개창자도 아니었다. 그들은 영원한 해방의 길을 따라가며 자신을 충분히 정화시킬 능력을 가진 보통의 사람들이다. 그들에게 해탈의 영원한 길은 오직 인간의 노력을 통해서만 가능하다. 자이나교도들은 신에 대한 믿음을 거부하며 대부분의 종교가 수반하고 있는 미신적이며 마술적인 관행도 버리고 해탈을 성취한 현명한 인간(티르탕카르: 영적인 정복자)들이 마련해 놓은 길을 따라가기 위하여 물질세계를 포기하고 자기완성을 달성하려 노력한다. 다른 어떤 종교도 해탈의 수단으로 자이나교만큼 개인적인 절제 노력과 아힌사를 강조하지는 않는다.

자이나교에는 리샤브 데브부터 시작하여 와르드만 마하비르(Vardhamana Mahavira, BC 599~BC 527)에 이르기까지 24명의 위대한 종교적 지도자가 있었는데 이들을 티르탕카르(Tirthankara)라고 부른다. 이 중에서 와르드만 마하비르를 가장 중요시 여기며 마지막 지도자로 간주하는데, 그는 자이나교를 일정한 종교의 형태로 갖추게 한 사람이다. 그는 30세에 가족의 품을 떠나 숲속을 돌아다니며 고행을 한 지 13년 만에 깨달음(Enlightment)을 얻었다. 그 후 30년 동안 그는 수행과 가르침을 통해 공동체를 이끌었고 주변에 수많은 출가승, 비구니, 신심 깊은 평신도를 모았다.

자이나교는 아힌사와 고행을 그 특징으로 하고 있는데, 마하비르의 가르침 가운데 가장 중요한 것의 하나가 모든 생명체에 대한 엄격한 아힌사의 준수였다. 당시에는 종교의 이름을 빌어 동물을 잡아 제물로 바치는 의례가 만연했었는데, 이러한 종교의식을 반대한 자이나교도들은 아힌사를 최고의 이상이자 구원(힌두교: Moksha, 불교: Nirvana, 자이나교: Kevalya)을 얻는 수단으로 받아들였다. 마하비르는 구체적으로 업業을 미세한 먼지 같은 물질에 비유하고 있다. 그에 의하면 만물은 모두 영혼을 가지고 있는데, 인간이나 동물뿐만 아니라 나무, 강, 돌멩이에도 영혼이 머물러 있다고 한다. 인간의 영혼은 처음에는 더럽혀지지 않아 순수하지만 몸과 입, 사고와 행위에 의해 미세한 물질이 영혼에 유입되어 선악의 행위를 축적한다. 유입된 업의 물질이 영혼에 달라붙어 영혼이 속박 받음으로써 인간은 고통스러운 윤회의 삶을 반복해야 한다. 그러므로 이와 같은 상태에서 해탈을 얻기 위해서는 이미 행해진 업의 작용을 소멸시키거나 새로운 업의 유입을 방지해야 한다. 전자를 위한 방법으로는 고행이 있으며, 후자를 위해서는 윤리적 행위를 실천해야 한다. 그리하여 영혼이 업으로부터 깨끗해지면 다시 윤회를 되풀이 하지 않고 영혼은 그 본성을 회복하여 해탈할 수 있다.

이와 같이 마하비르는 인간이 쌓은 업을 물질로 보았으며 그 미세한 물질이 영혼에 유입되어 영혼을 속박하고 있기 때문에 인간은 끊임없이 고통스러운 삶을 계속한다고 주장하였다. 그리하여 그는 업의 속박에서 벗어나 영혼을 깨끗이 하고 영혼의 영원한 안정을 얻기 위해서는 철저한 고행과 계율의 실천(아힌사)이 중요하다고 역설하였다.

자이나교도가 지켜야 할 5가지 계율

자이나교에는 지켜야 할 다섯 가지 윤리적인 원칙(Vrata)이 있는데 그 첫째가 아힌사이다. 아힌사는 자이나 도덕의 근본이고 자이나교도의 삶에 가장 중요한 규정이다. 왜냐하면 궁극적으로 선과 악, 올바름이나 그름에 관한 물음들은 일체의 생명 형태를 해치는가, 해치지 않는가 하는 물음으로 귀착되기 때문이다. 비록 불교도와 힌두교도도 아힌사를 인생의 근본적인 규칙으로 인정하고 있지만, 자이나교도는 이 원리를 가장 엄격하게 적용해 왔다. 아힌사의 원리는 모든 살아있는 유기체 사이의 공동체를 인정하며, 이 공동체의 전 구성원들 사이의 관계의 기초로서 사랑을 그 바탕으로 하고 있다.

아힌사는 행위와 의도를 포괄한다. 상해는 의도적이든 의도적이 아니든 탐욕, 편견, 욕망에 의해서 야기된 행동으로써 다른 생명 유기체를 해치는 것으로 정의된다. 그러나 물리적인 행위가 사행되지 않았다고 해도, 다른 것을 해치려는 그 의도 자체가 이미 해치는 것으로 간주된다. 즉 분노, 자만, 증오, 탐욕, 부정에 근거하고 있는 일체의 행위는 폭력의 형태로 간주

되는 것이다.

육식이 동물들의 살생을 수반하므로 자이나교도들은 엄격한 채식주의를 고집한다. 그들은 육식을 허용하고 있는 불교도들을 비판하고 있다. 불교도들이 어떤 고기라도 먹는다면, 도살자의 죄에 대한 책임을 전적으로 면할 수 없을 것이라고 지적하고 있다. 이와 함께, 자이나교도들은 동물을 희생 제물로 바치는 힌두교의 관행을 비판하고 있으며, 종교라는 이름으로 수행되었다고 해서 동물 살상의 잘못이 경감되는 것은 아니라고 지적하고 있다.

모든 자이나교도는 일체의 생명체를 해치지 않겠다는 서약을 한다. 출가승이나 재가 신도 모두 사냥, 고기잡이, 전쟁, 마약이나 알코올을 취급하는 직업, 특히 상해하는 직업과 행위를 금지한다. 출가 승려들은 대지의 육신을 해치지 않기 위해 땅을 파지 않으며, 물의 육신을 해치지 않기 위하여 수영과 빗속에 걷기를 피한다. 불의 육신을 해치지 않도록 불을 켜지 않는다. 공기의 육신을 해치지 않기 위해서 갑작스런 운동을 하지 않는다. 그들은 길을 걸을 때 작은 벌레라도 밟히지 않도록 앞길을 쓸고 간다. 그리고 공중에 있는 생명체를 들이마셔 파괴하지 않도록 그들은 코와 입을 헝겊으로 가리고 있다. 마하비르의 제자들은 심지어 물도 헝겊으로 여과하지 않고는 마시지 않았다고 한다. 마시는 물 속에 있을 어떤 미생물이라도 살생할까 두려워했기 때문이었다. 채식주의의 폭넓은 실천과 인도인 공동체에서 술에 대한 일반적인 거부는 자이나교도가 아힌사를 도덕 덕목의 지위로 격상시킨 것이 큰 이유일 것으로 생각된다.

둘째는 진리가 아닌 것을 버리는 것(Asatya tyag)으로 진실어의 서약이다. 이것은 말을 언제나 생명의 거대한 공동체의 복리가 증진되는 방향으로 사용하도록 요구하고 있다. 거짓말은 말의 폭력이며 일반적으로 나쁜 행위로 이끌어 가는 것이다. 그러나 의도적으로 거짓말을 하여 생명을 구하는 것이라면 이는 허용된다. 예를 들면, 사냥꾼이 동물을 잡기 위해 위치를 물어 왔을 때, 거짓말을 하여 그를 반대 방향으로 보낸다면, 이 행위는 진실을 말하여 그 동물의 살생에 기여하는 것보다 더 바람직한 것이고 진실의 서약으로 이해되는 것이다.

진실어는 모든 업무와 행위에서 완전한 정직을 요구한다. 불친절, 난폭함, 험담, 약속 불이행뿐만 아니라, 심지어 게으른 한담을 통하여 다른 사람을 해칠지도 모를 언어 행위조차도 진실어의 서약으로 금지된다. 아힌사에 부합되느냐의 여부가 진실과 거짓의 기준으로 적용되는 것이다.

셋째는 도둑질하지 않는 것(Asteya)으로, 이것은 훔치는 것을 폭력의 일종으로 보기 때문이다. 이 계율은 모든 종류의 부정不正을 금하도록 요구한다. 직접적으로 훔치는 절도 행위를 포함해서, 간접적 형태의 미묘한 부정, 이를테면 세금포탈, 암시장에서 거래, 상품의 무게 속이기, 재화 또는 서비스의 완전한 가치를 제공하지 않는 것 등의 모든 것이 포함된다. 일반적으로 자기에게 주어진 것이 아니면 어떤 것도 받지 않는다는 의미이다. 이것의 적극적인 덕목은 자기 자신의 소유물에 만족하여, 다른 사람들의 소유물에 대해서는 아주 작은 욕망도 갖지 않도록 하는 데 있다. 자이나교도들이 이들 계율의 실천을 통해 진실성과 정직성을 보이면서 주위의 신망과 존경을 받아 온 것은 사실이다.

넷째는 성性의 자제(Brahmacharya)로 이 서약은 성적인 깨끗함을 의미한다. 자이나교 고행자는 모든 성적인 행위뿐만 아니라 그것에 대한 생각조차 엄격히 금한다. 그러나 이 덕목은 재가 신도들에게까지 요구될 수는 없으며, 단지 그들에게 순결이란 배우자와의 관계 이외의 어떤 성적인 행위나 생각은 허용되지 않는다는 의미이다.

다섯째는 어떤 종류의 부도 받지 않고 갖지 않는 것(Aparigraha)으로 이것은 무집착 또는 무소유의 서약이다. 무집착의 서약은 업의 육신이 현실세계와의 동일시를 구하는 행위를 없애기 위하여 꼭 함양되어야 하는 것이다. 수행승은 출가와 동시에 온갖 부와 소유물을 포기하도록 요구 받으며, 재가 신도는 부와 소유, 그리고 그것의 취득 수단에 대한 수많은 제한과 조건을 준수해야 한다. 물리적인 포기 자체가 이 서약의 목표는 아니다. 그 궁극적 목표는 업의 축적에서 나오는 왜곡된 관점에서 생겨나는 모든 욕망들을 제거하는 일이다. 욕망 때문에 악의 뿌리인 집착이 생기고 그로 인해 폭력이 초래된다고 보기 때문이다.

자이나교에 나타난 아힌사 관련 부분을 인용해 보면 다음과 같다.

"자이나교도는 생물체에 상해를 가해서는 안 된다. 설령 폭행을 당하였을지라도 신실한 신자라면 화를 내어서는 안 된다."

"모든 생물은 고통을 싫어한다. 따라서 그들을 괴롭히거나 죽여서는 안 되며 어떤 것도 살생하지 않는 것은 지혜의 정수이다."

자이나교의 아힌사에는 눈에 보이는 생물체는 물론이고, 눈에 보이지 않는 형이상학적인 것도 포함된다.

『아차란가 수트라*Acharanga-Sutra*』에는 다음과 같이 기록되어 있다.

"나는 모든 생명체─그것이 크든, 작든, 움직이는 것이든, 움직이지 않는 것이든─의 살생을 거부한다. 나 자신이 살생을 하지 않음은 물론이고, 다른 사람이 그것을 하도록 내버려 두지도 않을 것이며, 또한 그렇게 하도록 동의하지도 않을 것이다. 내가 살아있는 한 나는 이 규칙을 내 마음속에 새겨, 말과 행동으로 지킬 것이다."

인간이 감정에 따라 경솔히 행동한다면 생명체에 상해를 가하든 가하지 않든 힌사는 분명히 일어나게 마련이다. 왜냐하면, 감정이 노하거나 흥분하면 비록 그것이 연쇄적으로 다른 생명체에게 상해를 가하든 그렇지 않든 간에 먼저 스스로에게 상해를 가하는 것이 되기 때문이다.

인도에는 여러 종교와 종파가 있지만, 동물의 목숨도 인간의 목숨과 똑같이 중요하다고 가르치는 자이나교만큼 아힌사를 강조하고 중요시하는 종교도 없다. 자이나교의 아힌사의 특징은 물리적인 아힌사뿐만 아니라 정신적인(지적인) 아힌사까지도 필수적인 요소로 본다는 것이다.

이 정신적·지적 아힌사를 자이나교에서는 '아네칸타와다(Anekantavada)'라고 하는데, 여기서 아힌사 사상은 절정에 달한다. 이것에 의하면 같은 주제(명제)도 보는 관점에 따라 진리일 수도, 그렇지 않을 수도 있다는 것이다. 여기서 우리가 주목해야 할 사항은 다른 사람의 의견을 무조건 거부 또는 논박하는 것 자체도 힌사라는 사실이다. 자이나교의 이 '아네칸타와다' 사상은 후에 간디의 사고와 행동에 깊은 영향을 주게 된다.

자이나교도들도 힌두교도들과 마찬가지로 윤회에서 해방되는 것을 궁극적인 이상으로 추구해 왔다. 자이나교의 업이란 생각과 말, 행동으로 표현되는 모든 폭력, 즉 부정적인 행위의 결과를 말하는 것이므로 그러한 행위를 절제해야 새로운 업을 쌓는 것을 피할 수 있다. 전생에 쌓인 업은 반드시 금욕과 고행 그리고 세 가지, 즉 올바른 행동, 올바른 믿음, 올바른 지식을 엄격하게 준수해서 제거해야 한다는 것이다.

자이나 사상에서 힌사, 즉 폭력은 다른 생명체를 해치려는 신체적, 언어적 그리고 사고적 행위 모두를 의미한다. 다른 생명체를 때리거나 살해하는 것 그리고 상처를 입히는 것이 신체적 폭력이고, 다른 이의 감정을 해치려는 의도로 거친 말을 하는 것은 언어적 폭력이다. 그리고 타인에 대하여 악한 마음을 먹는 것은 실제로는 상해가 발생하지 않아도 자기 영혼의 평정을 방해한 것이므로 이것 역시 폭력에 포함된다.

이러한 아힌사 정신은 자이나교도의 삶 전반에 큰 영향을 미쳤다. 우선 자이나교도들은 철저한 채식주의자들이다. 그들은 살생과 관련되는 백정, 농부, 어부 등의 직업은 피하고 상업이나 은행업 그리고 법률이나 행정 서비스업 등에 주로 종사한다. 생명체의 죽음과 관련되는 물건들도 일절 금해서 가죽 구두, 허리띠, 가방 등을 사용하지 않으며 실크로 만든 사리(인도 여인들의 옷)도 누에가 살상되어 만들어진 것이므로 금한다. 심지어 해가 진 후에는 불을 지피거나 요리를 하지 않는데 그것은 곤충들이 몰려들어 죽을 수 있기 때문이다. 또한 자이나교도 의사들은 동물에서 나오거나 또는 동물 실험을 거친 어떤 약도 처방하지 못하게 되어 있으며 자이나교도 법률가들은 물리적 처벌을 크게 반대한다.

이와 같이 자이나교도들은 아힌사 계율에 따라 모든 생명체에 대한 존중과 모든 존재와의 조화로운 공존을 추구하는 삶의 방식을 추구해 왔다. 따라서 자연을 방해하려 하지도 않았고 어떤 불평등성도 수용하려 하지 않았다. 그들은 소비를 최소화시키고 또 폭력을 생존에 불가피한 경우로 최소화시키

는 등 자신들의 문제를 생태학에 부합하는 방식으로 해결해
왔다. 그렇기 때문에 자이나교도들은 오늘날 자이나 계율이
잘 지켜질 수만 있다면 현대 물질문명의 폐해를 줄일 수 있고
우리가 살고 있는 자연을 환경의 파괴로부터 보호할 수 있을
것이라고 믿고 있다.

불교에 나타난 아힌사

불교가 나오게 된 것은 당대의 힌두 성직자(브라만)에 의한 지나친 권위주의적 종교의식과, 잔인할 정도로 동물을 살생하여 제사를 지내는 전통에 반기를 들고 일어난 자연적인 결과였다. 당시 수드라(하층민)들은 베다나 『우파니샤드』를 읽을 수 없음은 물론이고, 제사의식을 거행하는 것은 생각조차 할 수 없었다. 브라만 사제들도 지나치게 교조적이고 권위주의적이어서 대중의 지지를 잃게 되었으며, 또한 신분제도는 엄격하여 사회 발전을 저해하는 요인으로 작용하고 있었다. 이렇듯 종교적·사회적으로 불만이 팽배해진 가운데 브라만교를 대체

할 새로운 종교가 요구되면서 불교가 나오게 된 것이다.

붓다의 깨달음

수도다나왕과 마야부인의 아들인 고타마 싯다르타(Gautama Siddharta, BC 563~BC 483)는 29세에 출가하여 6년 동안 고행한 끝에 깨달음을 얻어 붓다(Buddha: 깨달음을 얻은 사람)가 되었다. 그는 인간 고苦의 근본적인 원인들을 밝혔으며 고에서 완전히 자유로운 존재를 성취할 수 있는 영적인 경험을 하였다. 이 경험이 그를 붓다로 만들었다. 이후 그는 고통 받고 있는 만인에게 고로부터 구원에 이르는 길을 제시하였다. 그가 설법한 4가지 진리(Noble truth)는 다음과 같다.

1) 이 세상은 고苦(육체적, 정신적 고통)로 가득 차 있다 (Existence of Pain). 인간이 태어나고 늙고 병들고 죽는 것이고, 즉 슬픔인 것이다. 싯다르타가 출가한 이유도 이 고를 발견하고 그것을 극복하려는 데 있었다.

2) 이 고(슬픔)의 원인은 욕망이다(Cause of Pain). 그 원인은 하나가 아니며 서로 연결되어 있다. 슬픔이 쌓이는 것은 인간이 원하는 일이 다 이루어지지 않기 때문이다. 인간은 이 욕망에 속박되어 자유롭지 못하고 세상을 바로 보지 못하는 것이다.

3) 이 고(슬픔)를 없앨 수 있다(Cessation of Pain Possible).

즉, 고苦의 원인인 욕망과 번뇌와 무지를 제거함으로써 고를 없애는 것은 가능하다. 이것이 바로 깨달음의 경지인 것이다.

4) 이 고(슬픔)를 없앨 수 있는 방법(중용의 길)이 있다 (Way Leading to the Cessation of Pain).

위의 4가지 진리를 불교에서는 사성제(Arya Satya)라고 부른다. 그리고 이 슬픔을 없앨 수 있는 방법으로 붓다는 다음의 8가지 행동 지침(팔정도, The Noble Eight-fold Path)을 제시하였다.

1) 위에서 말한 부처님의 4가지 진리를 확고하게 믿어라 (Right Knowledge of the Noble Truths).

2) 악의 있는 행위 또는 폭력을 행사하지 않겠다는 굳은 결의를 가져라(Right determination, Right Resolution).

3) 거짓, 폭언, 또는 타인을 비방하지 말고 진리만을 이야기하라(Right Speech, Speaking the Truth).

4) 살생, 폭력, 나쁜 행동, 방탕을 멀리하고 행동을 올바르게 하라(Right Action, Avoiding Killing, Envy etc.).

5) 바른 생활수단을 택하라(Right Means of Livelihood, Lawful Living).

6) 악의를 누르고 선한 마음을 가지고 좋은 일을 하도록 노력하라(Right Exertion, Avoiding Evils and Endeavoring for the Good).

7) 악이나 탐욕을 억제하여 마음을 깨끗하게 하라(Right

Mindedness, Right Mindfulness).

　8) 이 8가지 행동지침을 경건히 준수하고 규칙적으로 명
상하라(Right Meditation, Right Concentration).

붓다는 이 8가지를 실천함으로써 구원(Nirvana)을 얻을 수 있
다고 말했으며 위의 8가지 행동 지침 중 특히 2), 3), 4), 6),
7)항에 아힌사가 강조되어 있다. 이 팔정도는 건전한 삶을 위
해 상호 연관되어 있기 때문에 동시에 수행되어야 한다.

위의 1)항(올바른 이해)은 고의 조건들과 이들 조건의 지멸止
滅에 관한 실천적인 지식이기 때문에, 그것은 자연적으로 악
의, 탐욕, 상해로 이끄는 행위나 의도로부터 자신을 해방시키
려는 의지로 이어진다.

2)항(올바른 의지)은 선의, 자비, 모든 생명체들에 대한 사랑을
함양하겠다는 의도나 결단이다.

3)항(올바른 말)은 진실을 말할 것, 친절하게 유익한 것을 말
할 것을 요구한다. 올바른 말이라는 것은, 거짓, 중상, 증오,
질투, 욕지거리, 악의 등을 담은 거칠고 무례한 말, 잡담을 금
지하는 것이다.

4)항(올바른 행동)은 사람의 모든 행동이 다른 사람들의 복리
를 존중해야 하며, 모든 생명체의 평화와 행복을 증진해야 함
을 의미한다. 부정적으로 표현하면, 그것은 살아있는 존재를
죽이거나 해치는 행위, 훔치는 행위, 부정직한 행위, 부적절한
성적 행위를 금하고 있다.

5)항(올바른 생활방식)은 올바른 말과 올바른 행위라는 규범들을 자신의 생계 수단에까지 적용하는 것이다. 자신과 타인의 평화와 복리를 도모하는 생계 수단만이 허용되고, 무기, 술, 마약 등과 같이 타인에게 해가 되는 것을 다루는 직업과 직종은 금지된다.

6)항(올바른 정진), 7)항(올바른 집중), 8)항(올바른 수련)은 각성과 통찰을 가져오기 위해 의식의 지속적인 훈련을 가르치는 것을 목표로 삼고 있다. 올바른 정진은 사악하고 불건전한 의식이 일어나는 것을 막고, 그러한 마음의 상태(탐욕, 분노, 이기심, 악의, 육욕)를 극복하며, 이미 소유하고 있는 착하고 건전한 마음의 상태를 유지·발전시킬 수 있도록 강한 의지를 배양할 것을 포함한다.

붓다의 아힌사는 상해를 가하지 않는 것뿐만이 아니라 사랑의 실천과 자비도 요구하는 것이다. 이것은 그가 바나라스에서 설법한 『법구경Dhammapada』의 구절에 잘 나타나 있다.

"사랑을 실천함으로써 나는 마음의 평화를 얻었다."
"사람으로 하여금 화를 사랑으로, 악을 선으로, 거짓을
진실로 극복하도록 해라."

불교는 일반적으로 행동을 중시하는 종교이다. 붓다는 인간이 선하고, 악하고, 기쁘고, 슬픈 이 모든 것은 그의 행위에 의한 것이라 말하고, 인간이 무엇을 안다는 것보다는 그가 무엇

을 행하느냐에 중점을 두었다. 즉, 지식보다는 행위를 중시하였다. 그리고 그는 브라만과 천민의 구분은 출생에 의해서가 아니라 그들의 행위에 의해 결정된다는 것을 역설하였다. 마하비르가 구원(해탈)을 얻기 위한 수단으로 모든 생명체에 아힌사를 적용한 반면, 붓다는 인간에게 자비를 행할 것을 강조하였다.

불교 경전에 나타난 아힌사 사상을 몇 가지 인용해 보면 다음과 같다.

"편협하고 아량이 없는 사람에게 관용을 베푸는 사람, 그리고 탐욕을 가진 사람들 사이에서 그러한 욕심을 갖지 않는 사람을 (나는) 최고의 사람이라고 부른다."

"악당들이 너의 사지를 잡아당길 때 너의 심신을 가누는 것이 급한 일이긴 하지만 너의 입에서 나쁜, 악의에 찬 말들이 나오지 않도록 주의해라. 너의 마음에 증오를 품지 말고 그 악당을, 나아가서는 이 우주를 사랑으로 감싸 친절과 자비 속에서 살아라."

"천상에 태어나고자 하면
먼저 살생을 끊고 금계를 잘 지켜
모든 감관을 잘 다스리며
모든 살아있는 생명을 해치지 말라.
약자에게 자비를 베풀고 배고픈 자에게

최상의 음식을 주라.

병든 자를 치료해 주고 두려워하는 자를

보호해 주며 가난한 자를 도와주라.

피곤하고 지친 자들의 짐을 나누어 가지며

거짓 없이 진실만을 말하고

이간질 하지 않고 남들을 싸움 붙이지 않으며

서로 등지고 있는 사이를

화합시키는 인연으로 살아라.

남을 모함하여 추하고 험한 말 하지 않고

자비로운 말을 하여 듣는 사람마다 기쁘게 하며

아무런 이득 없는 허풍을 떨지 않고

때에 따라 적절한 말만을 하라.

남의 재물에 욕심을 내지 않고

미움이나 증오심을 품지 않고

업과 인과응보를 믿으며

믿음으로 보시 행을 닦으면

반드시 천상에 태어나리라.

깊이 명상하여 생로병사의 원인과

그로부터 벗어날 길을 살펴라.

이 육신은 영원하지 못함을 깨달아

매달리고 집착하지 말 것이며

진리의 법(Law of Righteousness)을 따르라.”

붓다는 동물의 살생을 반대했을 뿐 동물의 살생이 없는 제사의식은 인정했다. 붓다의 자비와 지혜는 45년 동안 그의 가르침, 귀감, 불교 공동체 조직의 형태로 표현되었다. 붓다는 종교적인 봉헌도, 브라만을 사제로 삼아 의지하는 것도 구원의 길이 될 수 없다고 주장하고 구원은 오직 자신의 힘을 통해서 이루어지는 것이므로 정신적인 자기 수련에만 정진해야 한다고 가르쳤다. 그리하여 그는 브라흐마니즘의 종교의식과 권위주의를 배격하였으며 나아가 초자연적인 기적이나 미신적인 요소들을 거부하였다. 붓다는 현세의 삶은 전세前世와 내세來世 사이의 과도기에 불과한데 자신의 만족을 얻기 위하여 타인을 괴롭히는 것은 어리석은 일이라고 가르쳤다. 불교 윤리의 근본인 자비는 그의 이와 같은 세계관에서 나온 도덕관이었다.

살생을 주로 하는 베다시대의 종교의식과 마하비르나 붓다의 아힌사 사이에 아힌사를 외친 또 다른 인물로 크리슈나(Krishna)가 있다. 크리슈나는 베다시대의 힌사가 수반된 종교의식에 완전히 반대하지는 않고, 다만 제사의식(Yajna)의 뜻을 다음과 같이 풀이하고 있다.

　　　"어떤 생물체의 살생도 없는 제사의례가 최고의 제사의식이며 그러한 제사의식은 인간에게 유익을 가져다 준다."

이와 같은 크리슈나의 제례의 의미를 붓다도 그와 똑같이 받아들이고 있다.

"동물들의 살생이 없는 종교의식 즉, 양이나 암소, 염소, 황소 등의 살생이 없는 종교의식을 사람들은 좋아하며, 그러한 모임에는 현인들이 가곤 한다. 따라서 지식을 가진 사람은 이와 같은 종교의식을 거행해야 한다."

아힌사는 불살생이라는 의미로 불교의 영원한 규범이다. 불교는 생명의 존중에서 더 나아가 봉사와 헌신을 강조한다. 불교에서 자비와 불살생의 정신을 그토록 강조하는 것은 단순히 종교적인 박애 때문만은 아니다. 불교에서는 모든 생명체가 불성佛性을 지니고 있다고 보고, 불성을 지닌 그 생명체가 바로 해탈을 위한 공동의 과정을 진행하고 있기 때문에 존중되어야 한다는 관점에서 아힌사가 그토록 강조되는 것이다. 이것은 인류가 지켜야 할 영원한 법칙이다. 나를 존중하는 마음만큼 세상을 이루는 유형·무형의 생명체들을 존중하는 마음이 아힌사요, 자비인 것이다.

마하트마 간디의 아흰사

간디의 출현

마하트마 간디만큼 인도의 문화에 영향을 준 인물도 없을 것이다. '간디' 하면 인도를 연상할 만큼 오늘날까지 인도의 모든 부분ㅡ의식주, 생활자세, 사고방식, 언어, 철학, 정치, 경제, 사회구조, 종교 등ㅡ에 그의 영향은 살아 있다. 20세기 그의 이름은 인도뿐만 아니라 아시아, 아프리카 식민지 국가에 하나의 희망이요 등불이었다. 그를 가리켜 아인슈타인(Albert Einstein)은 '앞으로 다가오는 세대가 간디와 같은 인물이 이 지구상에 존재했다는 사실을 믿는지 의심스럽다'고까지 말했다.

앞에서 본 바와 같이 인도에서의 아흰사 사상은 자이나교와 불교, 더 나아가서 베다시대 이전 아리안족이 인도에 들어오기 전부터 있었다. 그럼에도 불구하고 오늘날 간디가 아힌사의 대명사처럼 불리고 있는 이유는 그가 아힌사를 집단적 민중 운동으로 활용하여 물리적인 무기(총, 칼) 앞에 정신적인 무기인 아힌사를 내세워 승리했다는 데에 있을 것이다. 간디 이전에 마하비르나 석가모니가 스스로 아힌사를 지키고 그 제자들로 하여금 아힌사를 준수하게 했지만 그것은 어디까지나 소극적, 개인적, 종교적 범주를 벗어나지 못하였다.

고대 인도에서 아힌사 사상은 주요 목적이 그것을 통해 개인이나 집단으로 하여금 선이나 덕을 쌓아 구원을 얻게 하기 위한 수단이었다. 그러나 그것이 부수적으로 사회에도 유익한 것임은 두말할 나위도 없다. 현대에 이르러 이 아힌사 사상을 사회적 목적 운동의 수단으로 채택하여 성공을 거둔 것이 바로 마하트마 간디의 비폭력 저항 운동인 '사티아그라하(Satyagraha)'이다. 물론 마하트마 간디의 사티아그라하 운동 이전에도 이와 같은 비폭력 저항 운동은 세계 도처에 있었다.

간디(Mohandas Karamchand Gandhi, 1869~1948)는 인종차별로 학대받고 있는 남아프리카의 동포와 조국의 독립을 위해 일생을 바친 인도 건국의 아버지이다. 그는 변호사로서 남아프리카에서 억압받고 있는 인도인들의 권리와 인권을 위해 싸웠는데, 이것이 그의 인도주의 사상의 실천인 아힌사, 즉 비폭력주의를 주창하게 된 동기가 되었다. 남아프리카에서 귀국 후 독립 운동을 전개한 간디는 여러 차례 옥고를 치르면서도 오직 비폭력 저항 운동의 방법으로 인도인의 애국적 단결을 이끌어 내어 마침내 독립을 쟁취하였다. 그는 인도인들에게 비폭력 저항의 영적인 힘과 진리의 힘을 일깨워 준 선각자였다.

이제 간디가 살았던 시대와, 그의 인생 역정 그리고 그의 아힌사 사상을 살펴보자.

19세기에 접어들면서 인도에는 정치, 사회, 문화, 종교 등 각 방면에 걸쳐 자각의식이 잉태된다. 사실상 거의 전 인도를 장악하게 된 영국은 새로운 식민 통치 제도와 경제제도를 도입하게 된다. 영국인들은 학교와 대학, 인쇄소 등을 세워 영어 교육과 신교육을 보급하고 철도, 통신 등 서구 문물을 도입, 건설하였다. 동인도 회사에 의한 이러한 조치들은 모두 자신들의 통치 및 식민지배의 편의를 위한 것이었다. 그러나 영어 교육과 신교육의 보급, 신문, 잡지의 발행, 서구 물질문명과의 접촉 등은 인도인들에게 민족 자각의식을 잉태하게 한 계기가 되었다. 영국 식민 통치가 잠자고 있던 인도인들을 일깨워 주었던 것이다. 농촌과 도시의 산업이 붕괴되었지만, 영국에 의한 새로운 경제제도가 도입됨으로써 알게 모르게 인도 사회는 변화와 발전을 향하고 있었다. 이제 농촌과 도시는 접촉하지 않을 수 없었고 이제까지 종교에 의해 하나로 묶여 있던 인도는 하나의 국가라는 의식이 대두하기 시작하였다. 특히 교통 수단의 발달은 민족애와 사고의 동질성을 심는 데 큰 기여를 하였다. 신교육 제도와 영어교육의 도입은 인도의 학문과 과학의 발달을 가져왔다. 인도의 전통적인 학문은 영적이고 내세지향적이며, 지식인층도 상류층에 한정되어 있었다. 그러나 이제 인도인들은 새로운 환경 속에서 이전의 관습과 인습에 의문을 제기하면서 물질적이고 현실적이며 나아가 모든 사람이 공유하는 서구 학문과 신교육에 관심을 갖게 되었다.

19세기와 20세기 초에 걸쳐 반봉건적, 반식민적 투쟁에 종교 및 사회개혁운동 단체들의 역할은 아주 대단했다. 영국의 식민지배 확립으로 인도의 경제 및 교육제도, 교통수단 등에 근본적인 변화가 도래하였다. 이 결과 종교와 인습, 관습 등 사회 전반에도 근대화가 시작되었다. 이들 단체들은 새로운 사회에 맞게 종교 및 사회 관습을 개혁하여 민중들에게 정치, 사회적 자각의식과 민족애, 꿈과 희망을 심어주고자 하였다. 브라흐마 사마즈(Brahma Samaj)를 세운 람 모한 로이(Ram Mohan Roy, 1774~1833)는 외형적 종교의식과 미신, 우상숭배, 카스트 제도, 사티 제도(남편이 죽으면 살아있는 그 아내도 함께 화장하는 관습), 유아결혼 등과 같은 악습의 철폐를 주장하고 남녀 평등사상과 과부의 재혼 허용 등을 부르짖었다. 아르야 사마즈(Arya Samaj)를 세운 다야난드(Dayanand Saraswati, 1824~1883)는 전통적인 힌두 문화의 부흥을 강조하였다. 그는 베다는 신성하며 베다 종교만이 진리이고 완전하고 절대적인 것이라고 믿었다. 브라흐마 사마즈가 기독교 및 서구 사상의 도움으로 힌두교와 인도 사회를 개혁하려고 한 반면, 아르야 사마즈는 베다로 돌아가야만 개혁이 가능하고 이러한 개혁은 외래의 종교를 배척하는 힌두 우월주의 애국심으로 연결되어야 한다고 주장했다.

애니 베전트(Annie Besant) 여사가 인도에 오게 되어(1893) 신지학회(Theosophical Society)의 활동이 활성화 되었는데, 이 단체는 인류의 범세계적 형제애를 형성하고, 나아가 인간이 지니고 있는 영적 능력을 탐구하는 것을 목표로 하였다. 이 운동은 서구 사상의 보급과 더불어 고대인도 문화의 위대함과, 특히 힌두교, 불교의 부흥을 부르짖고, 인도의 영적, 정신적, 철학적 가치관을 찬양하고 높이 평가함으로써 인도인들에게 과거의 긍지와 미래의 자신감을 불어넣어 주어 민족 자각의식과 사회개혁의식을 일깨우는 데 크게 기여하였다. 이와 같은 주변 정세 속에서 간디가 출현하게 된다.

간디는 1869년 10월 2일 인도의 서해안 구자라트주의 포르반다르에서 아버지 카람찬드(Karamchand)와 어머니(4번째 부인 Putlibai) 사이의 4번째 아이로 출생하였다. 어머니에 대한 간디의 기억은 대단하였다.

> "나에게서 어떤 성스러움이나 깨끗함을 발견한다면 그것은 아버지가 아닌 어머니로부터 물려받은 것이다. 그녀가 나에게 심어준 유일한 사상은 성스러움, 거룩함 바로 그것이다."

어머니의 영향을 받아서인지 그의 심성은 곧고 정직했다. 그러나 학창 시절 간디는 공부를 잘 하는 우등생이거나 비범한 학생은 아니었다. 어린 시절 그의 마음을 사로잡고 나아가 인생의 길잡이가 된 노래를 훗날 간디는 회상했다.

> 물 한 사발을 한 끼 식사로 갚고
> 다정한 한마디 인사에 공손히 절을 하라.
> 동전 한 닢을 금으로 갚으며
> 네 목숨을 살려 주었거든 목숨도 아끼지 말라.
> 바른 말과 행동을 존중하고
> 조그마한 도움도 열 배로 갚아라.
> 진정한 현자는 인간의 평등함을 알며
> 기꺼이 악을 선으로 갚는다.

영국과 남아프리카에서

19세가 되던 해 간디는 영국으로 유학을 떠나게 되고, 3년 후 변호사(Barrister)가 되어 귀국하였다. 귀국한 지 거의 2년이 되어가던 어느 날 포르반다르의 한 무슬림 회사로부터 분쟁해결 변호를 부탁 받고 1년 계약으로 1893년 4월 남아프리카로 가게 되었다. 여기서 그의 인생의 새로운 국면이 시작된다. 즉, 남아프리카의 생활이 그로 하여금 후일 인도에서 대영제국과 맞서 싸울 수 있는 힘을 배양시켜 준 것이다.

그가 영국에서 취득한 것은 'A London Matriculation'으로서 이것을 변호사(Bar)라고 부르는데, 이와 같은 자격은 그 자신은 물론 그의 가족들이 기대하는 만큼의 부나 지위를 가져다 줄 수는 없었다. 영국에서 귀국하여 2년 동안 그는 변호사로서도, 그리고 봄베이의 교사로도 실패하여 남아프리카로 갈 때는 고향인 구자라트에서 사법서사(Petition Writer)로 일하고 있었다. 이러한 그가 20년이 지난 1915년 남아프리카에서 위대한 지도자가 되어 돌아올 줄은 어느 누구도 상상하지 못했던 것이다.

간디의 아힌사는 자이나교의 영향을 받은 힌두 베스나브(Vaishnave: 비시누(Vishnu)나 그의 화신인 크리슈나(Krishna)를 숭배하는 힌두교의 일파)의 아힌사 전통의 영향을 많이 받았다. 그것은 상대방을 제압하기 위해 싸움을 하기보다는 스스로 고통을 참고 극복하는 믿음이었다. 그는 이러한 베스나브 전통이 뿌리박힌 구자라트주에서 출생하여 성장했고, 런던에서 수학할 때 『바가바드기타』와 성경을 읽음으로써 그의 아힌사 사상은 뿌리를 내리게 되었다. 영국에서 수학할 때 간디는 신지학회(Theosophical Society)를 세운 블라밧스키(Elena Petrovna Blavatsky, 1831~1891)와 그녀의 제자 베전트와 교제하면서 이들이 쓴 신지학 이론(Key to Theosophy) 그리고 성경 등에 심취하여 신지학회모임과 교회에도 나갔다. 신지학자들의 휴머니즘과 산상수훈(Sermon on the Mount of the New Testament)의 도덕적 교훈은 그에게 큰 영향을 주었다.

1년 계약으로 남아프리카에 간 간디가 계약기간이 만료되어 인도로 돌아가기 위해 더반(Durban)으로 왔을 때 나탈(Natal) 의회에 인도인들의 선거권을 박탈하는 법안(Franchise Amendment

Bill)이 상정되었다. 이에 나탈의 인도인들이 그 법안의 폐지와 인도인들의 권리를 찾기 위해 그곳에 머물러 투쟁하도록 간디를 설득하였다. 그리하여 간디는 다시 더반으로 가서 정착하였고 변호사 일을 계속하게 되었다. 이것이 그의 인생에서 두 번째의 분기점이 되었다. 남아프리카가 그의 리더십의 수련장이 되어 그를 사회운동 개혁가로, 유명한 인권변호사로, 민족의 지도자로 성장하게 만들었다. 다시 말해서 인도에서의 무능과 실패를 남아프리카에서 극복하여 후일 인도의 정치 무대로 들어가게 된 것이다.

남아프리카에서의 간디의 활동은 유색 인종인 인도인들을 얽어매는 각종 인종차별 정책을 반대하고 폐지하는 것이었다. 그가 남아프리카에서 당한 모욕과 시련은 그곳의 인도인들이 겪는 현실 바로 그것이었다. 당시 주정부 법령에 의하면 인도인들은 투표권도 없었고 지정된 지역 이외에서는 재산을 소유할 수 없으며, 매년 25파운드의 인두세를 내야 하고 공공 보도로 다닐 수도 없었다. 20년 동안 그는 그 곳에서 인도인의 선거권 제한과 재산권, 주거지역, 이민, 시민권의 제한에 반대하는 운동을 벌였다.

1894년 나탈(Natal) 지방의 인도인이 4만 3천, 유럽인이 4만, 원주민이 약 50만 명이었는데 인도인들이 남아프리카에 이주하게 된 것은 영국이 그들의 식민지에 노예제도를 폐지(1833)하면서부터였다. 당시 국제무역에 있어서 남아프리카의 중요성이 증대되고 있을 때 노예제도의 폐지로 방대한 남아프리카에 값싼 노동력의 공급이 중단되었다. 그 당시에는 수에즈 운하도 없어서 국제무역에 종사하는 모든 배들이 남아프리카로 돌아다녔는데, 갈수록 남아프리카의 설탕과 커피, 차에 대한 수요가 급속히 증가하고 있었다. 그래서 1850년대 영국령 남아프리카는 영국령 인도로부터 계약노동자들을 수입하게 되었다. 이리하여 1860년 초 가난과 전염병, 기근에 시달리던 인도의 남녀 문맹자들이 거의 노예에 가까운 임금을 받고 5년 계약으로 모집되어 남아프리카로 가서 유럽계 농장주들에게 인계되었다. 이후 계약기간이 끝났어도 이들 노동자들은 앞으로의 보다 좋은 전망을 기대하고 그곳에 눌러 앉았다. 이들의 수가 증가되자 보다 많은 인도인—상인, 고리대금업자, 사무원, 의사, 교사—들이 남아프리카로 들어왔다.

1893~1896년 사이 간디는 기독교에 관심을 가지면서 교회에도 나가고 다시 『바가바드기타』와 베다, 『코란』과 『우파니샤드』, 『아베스타』(파르시 사람들의 경전) 등에 심취하였다. 『바가바드기타』에서 그는 비소유의 이상을 얻었는데 이것은 그로 하여금 평생 가난한 삶을 살게 하였다. 여기서 그는 범종교적 사고를 키운 것으로 생각된다. 그 무렵 그는 자신보다는 남을 위하는 것이 종교의 본질이라고 믿었다. 이와 같이 종교를 공부하면서 그는 톨스토이의 글을 접하게 된다. 특히 톨스토이의 저서 『신의 나라는 당신 안에*The Kingdom of God Is Within You*』는 자신에게 깊은 영향을 주었다고 간디는 밝히고 있다. 이 후 그는 러스킨*Ruskin*의 『최후까지*Unto This Last*』를 읽게 되는데, 이

책 또한 그에게 깊은 감명을 주었다.

사티아그라하 운동의 탄생

1906년 남아프리카의 트란스발(Transval) 정부가 아시아인 등록법안(The Asiatic Registration Bill)을 의회에 제출하자 간디는 이 법안의 철폐를 위한 운동을 전개하였다. 이 법안이 통과된다면 그것은 남아프리카에 있는 인도인들에게 파멸을 가져올 것이라며 그는 격앙했다. 간디는 이 지구상 어느 나라에도 이와 같은 법은 없다며 특히 지문날인의 강요에 대해 강한 거부감을 표시했다.

"만약 이 법안이 통과된다면 모든 남아프리카가 그것을 따를 것이다. 이 법안은 우리의 생존권을 말살할 것이며 우리를 이곳에서 추방하려는 첫 시도가 될 것이다. 우리의 명예는 우리가 지켜야 한다. 이 법안은 우리들뿐만이 아니라 조국 인도를 모욕하는 것이다. 따라서 우리는 성급히 서두르거나 분노로 대해서는 안 되고 저항하는 방법을 냉정히 생각하고 고통을 참고 공동전선을 펴는 조치를 취하면 신도 우리를 도울 것이다."

간디의 비폭력 저항 운동인 '사티아그라하(Satyagraha)'는 그가 남아프리카에서 처음 전개한 수동적 저항(Passive Resistance)의 원칙을 응용한 것이다. 그것이 비록 발로우Adin Ballou의 『비폭력 저항Non-Violent Resistance』이나 소로우Thoreau의 『시민 불복종Civil Disobedience』, 윌리암 제임스William James의 『전쟁의 도덕적 동의Moral Equivalent of War』, 러스킨의 『최후까지Unto This Last』 등의 영향을 받았다 하더라도, 그것은 어디까지나 간디 자신이 만들어 낸 그의 독특한 저항 운동 방법이었다.

'사티아그라하'라는 말은 간디가 1906년 당시 남아프리카의 트란스발 정부가 '아시아인 등록법안'을 주 의회에 제출, 통과되자 간디와 그의 추종자들은 이 법안을 암흑법안(Black Act)이라 비난하면서 소극적 저항 운동(Passive Resistance)을 전개하였다. 이 운동이 계속되자 간디는 좀 더 새로운 투쟁방식이 도입되어야 한다고 생각하고 그가 발행하는 「인디언 오피니언Indian Opinion」 신문에 이 새로운 운동을 지칭하는 이름을 공모하고 우수작에 상금을 걸었다. 여기서 한 공모자가 '사다그라하'(Sadagraha: 정당한 주장 또는 대의를 지지한다는 뜻)를 제시하자 간디는 그것을 '사티아그라하(Satyagraha)'로 고쳤다. 다시 말하여 아시아인 등록법안의 철폐를 주장하는 인도인들의 저항 운동을 간디는 '사티아그라하'로 명명하였다. '사티아그라하(Satyagraha)'의 '사티아(Satya)'는 진리, 참을 뜻하는 것으로 사랑의 의미를 내포하고 있으며, '아그라하(Agraha)'는 견고함, 확고함 또는 고수라는 뜻으로 힘, 영향력, 군의 의미를 지니고 있다. 비폭력(사랑)으로 진리를 추구하는 힘(운동)이 바로 '사티아그라하'인 것이다. 간디는 사티아그라하 운동을 이렇게 정의했다.

  "사티아그라하 운동은 사랑이 근본이며 때와 장소를 불
  문하고 물리적인 힘, 폭력을 사용하지 않으며, 상대방을 해
  치려는 어떠한 의도도 없으며 오히려 자신이 고통을 당함으
  로써 상대방을 이기고자 하는 것이다."

  영국에서 교육받은 변호사이며, 영국 헌법의 신봉자로서 온
당하고 예의바른 간디는 남아프리카 정부가 악법 시정의 가망
을 보이자 않자, 정치 전술을 바꾸게 되었다. 즉, 지금까지의
소극적인 압력 수단이 실패하자 1907년부터 그는 보다 많은
대중에 호소하는 직접적인 행동으로 전환하였다. 사티아그라
하는 남아프리카 투쟁에서 그의 가장 강력한 무기로써 1907
년부터 1914년 남아프리카 정부가 타협안에 동의할 때까지
(인도로 귀국할 때까지) 계속해서 사용되었다.

진리와 아힌사

  24세의 나이에 남아프리카에 간 간디는 청춘을 이국에서
보내고 45세(1914.7.)에 조국으로 돌아왔다. 자신의 능력, 역할,
사명을 깨닫게 해준 곳이며 인생의 단맛과 쓴맛을 체험한 남
아프리카를 떠나는 그의 감회는 뭐라 표현할 수 없었을 것이
다. 그러나 그는 지도자가 되어 조국에 봉사하기 위해 귀국길

에 올랐다. 남아프리카에서 이 위대한 사티아그라하 투쟁의 승리에는 목숨까지 아끼지 않은 이름 없는 수많은 인도인들의 동포애와 조국애가 바탕이 된 것은 부인할 수 없는 사실이다. 그들의 희생이 없었다면 남아프리카의 인도인들은 영원히 농노가 되었거나 추방당하였을 것이다. 그러나 개인의 쾌락이나 입신양명에는 전혀 관심이 없고 오직 비폭력으로 진리만을 추구해 온 간디의 굳은 신념이 사티아그라하 운동을 성공시킨 더 큰 요인일 것이다. 남아프리카에서 사티아그라하 운동의 역사는 간디의 생활의 기록이며 진리를 향한 그의 끊임없는 실험의 역사였다. 이 값진 사티아그라하 무기는 후일 인도 독립운동의 밑거름이 되어 조국에서 더욱 활활 타오르게 된다. 남아프리카에서의 아힌사에 대해 그는 이렇게 회상하였다.

"남아프리카의 수동적 저항자들은 연방정부가 그들에게 가하려고 했던 악에 저항했다. 그들은 정부에 대해 아무런 악의를 품지 않았다. 그러나 정부가 그들의 도움을 필요로 할 때마다 그들은 정부를 도와줌으로써 이 사실을 보여주었다. 그들의 저항은 정부 명령에 대한 불복종으로써 이루어졌다. 그들의 손에 죽임을 당할 각오도 했다. 아힌사는 이른바 행악자에 대한 의도적인 상해가 아니라 의도적인 자기고통을 요구한다. 아힌사는 적극적인 형태로는 최대의 사랑과 최대의 자선을 의미한다. 내가 아힌사의 추종자라면, 나는 내 적수도 사랑해야 한다. 아힌사의 실천은 최대의 용기

를 요구한다. 아힌사는 군인의 제덕 중에서 가장 군인다운
덕이다." (『모던 리뷰』, 1916.10.)

소극적 저항 운동을 '사티아그라하'로 다시 정의한 이면에
는 그의 인생과 행동 철학이 담겨져 있다. 간디는 진리(참)의
개념을 다음과 같이 설명하였다.

"사티아(Satya)는 사트(Sat: 존재)에서 나왔는데, 이것은 진
리 이외의 어떤 것도 존재하지 않는다는 것을 뜻한다. 따라
서 사트 혹은 진리는 신의 대명사인 것이다. 그리하여 '신은
진리이다'라고 말하기보다 '진리는 신이다'라고 표현하는
것이 옳은 것이다. 일반적으로 진리의 법칙을 준수한다는
것이 단순히 우리가 진실만을 이야기하는 것으로 이해되고
있으나, 사트 혹은 진리는 좀 더 넓은 의미로 이해되어야 한
다. 즉, 사고(Thought)와 말(Speech), 행동(Action)에 진리가
있어야 한다. 이러한 진리를 간파한 사람에게는 더 이상 알
것이 없다. 왜냐하면 모든 지식이 그것에 다 포함되어 있기
때문이다."

사실 이러한 진리는 간디가 그의 일생을 두고 이루려 한,
하나의 이상理想이었다. 그는 스스로 "나는 진리를 찾아 나선
구도자이다. 그것을 찾으려 부단한 노력을 하였지만 아직까지
나는 그것을 발견하지 못하였다. 진리를 완전히 발견한다는

것은 자기 자신을 아는 완전한 인간이 되는 것인데, 나는 불완전함을 느끼고 있다"라고 말하고 있다.

간디는 진리의 길과 아힌사의 길을 같이 보았다. 부단한 노력으로만이 진리와 아힌사를 실현할 수 있는데, 하지만 육신을 통해서는 영원한 진리를 바로 볼 수 없고 최후 수단으로 신앙에 의존해야 한다고 말했다. 진리와 비폭력은 간디의 기본 개념으로 아힌사는 진리에 이르는 유일한 수단이었다.

"아힌사와 진리는 동전 하나의 양면, 또는 각인되지 않은 부드러운 철판의 양면과 같다. 어느 면이 앞면이고 어느 면이 뒷면인지를 누가 말할 수 있겠는가? 하지만 아힌사는 수단이고 진리가 목적이다. 수단이 진실로 수단이 되기 위해서는 언제나 우리의 손 안에 들어와 있어야 한다. 아힌사는 우리의 지고의 의무이고 진리는 우리에게 신이 된다. 진리는 존재한다. 진리만이 존재한다. 그것이 유일신이며, 그것을 실현하는 길은 하나밖에 없다. 오직 하나의 수단밖에 없으며 그것이 아힌사이다."

간디에게는 진리라는 목적과 그것을 추구하는 방법, 이 둘다 똑같이 중요한 것이었다.

"인생의 목적은 진리를 추구하는 것인데, 어느 누구도 궁극적인 최고의 진리를 알 수 없다. 그러나 다만 인간 행동,

특히 사람들 사이의 갈등 속에서 그것을 추구할 수 있는데, 그 방법은 남의 존재를 공격해서도 안 되며, 다른 사람이 진리를 추구하는 것을 방해하여서도 안 된다. 진리를 추구하기 위해 오직 아힌사와 고통(고뇌)만이 대립되는 양측의 존재와 진리를 인정하는 것이다. 즉, 강한 의지와 헌신적이고도 폭넓은 관용 정신만이 진리를 추구할 수 있는 것이다."

간디는 자만심과 이기심이 있는 곳에 아힌사는 있을 수 없으며, 겸손함이 없으면 아힌사는 불가능하다고 말한다. 1913년 더반에서 그는 광산 노동자들에게 이렇게 말했다.

"사티아그라히(사티아그라하 운동을 따르는 사람)의 겸손은 끝이 없다. 그는 타협의 기회를 놓치지 않으며 설령 누가 그를 마음이 약한 자로 비난해도 개의치 않는다. 자기 자신을 믿고 그 믿음에서 나오는 힘을 가진 자는 다른 사람이 경멸해도 전혀 신경 쓰지 않는다."

간디의 사티아그라하는 진리와 비폭력이라는 이 두 가지의 기본 개념을 바탕으로 하여 정치적·사회적으로 잘못된 것을 제거하기 위한 것이다. 그것은 상대방에게 상해를 가하거나 억누르거나 모욕을 줌으로써가 아니라, 상대방이 이해하고 설득되어 그의 입장을 바꾸도록 도와주는 것이다. 그리하여 그것은 양측 모두가 자존심을 지키고 서로 이해하는 가운데 원만하고 우호적인 만족을 주는 것이다. 이에 대해 간디는 이렇게 말하고 있다.

"이 운동을 믿고 따르는 사람(Satyagrahi)은 상대방에 대한 승리를 겨냥하기보다는, 서로 상반된 두 주장을 종합하는 것이어야 한다. 그는 그 자신의 주장이 옳음을 상대방이 이해할 수 있도록 모든 노력을 기울여야 하며, 그렇게 하면서도 상대방으로 하여금 자기의 주장이 옳다는 것을 보여 주도록 기회도 제공해야 한다. 그리고 언제나 상대방으로부터 자신의 잘못을 설득 받았으면 자신의 입장을 버리고 상대방의 주장을 받아들일 준비가 되어 있어야 한다. 물론 그것이 부분적인 것이든 전체적인 것이든 간에……. 그리하여 그가 일방적인 승리를 추구하는 것이 아니라는 것을 보여 주어야 한다. 사티아그라히는 악과, 악을 행하는 자와의 구별을 잊어서는 안 되며, 후자에 대해 악의를 품거나 악의에 찬 언어를 사용하지 않는다. 사티아그라하 운동은 자기 자신의 단련과 자제, 정화를 그 전제 조건으로 하기 때문에 그는 늘 악을 선으로, 화(노여움)를 사랑으로, 거짓을 진실로, 힌사를 아힌사로 극복하도록 노력한다. 이 방법 외에 이 세상의 악을 제거하는 길은 없다."

사티아그라하는 바로 인도 독립운동의 전술로 사용되었으며, 이 때 가장 중요한 원칙은 아힌사(비폭력)였다. 간디는 비폭력을 다음과 같이 정의하였다.

"어떤 사람이 비폭력적이라고 주장한다면, 그는 자신에게 해를 입힌 사람에게 화를 내지 않을 것이다. 그는 행악자에게 잘못이 일어나기를 바라지 않고 잘되기를 바랄 것이다. 그에게 욕설도 하지 않을 것이다. 그리고 어떤 신체적인 위해도 가하지 않을 것이다. 그는 행악자가 그에게 가한 일체의 상해를 고스란히 견뎌낼 것이다. 그래서 비폭력은 완전하고 순전한 깨끗함 그 자체이다. 완전한 비폭력은 모든 생명체에 대한 악의의 완전한 부재이다. 그래서 그것은 심지어 인간 이하의 생명체까지, 해충이나 해로운 짐승까지도 포함한다. 그것들은 우리 인간의 파괴적인 성향의 먹이가 되기 위해 창조된 것이 아니다. 우리가 만일 창조주의 마음을 알기만 한다면, 그의 창조 안에서 인간 이외의 생명체를 위한 적절한 장소를 발견할 수 있을 것이다. 그래서 비폭력은 적극적인 형태로 모든 생명에 대한 선의이다. 그것은 순수한 사랑이다." (「영 인디아」, 1922.3.9.)

인도에서

귀국 후 얼마 되지 않아 간디는 아흐메다바드에 사티아그라하 아슈람을 건립하였다. 남녀 25명으로 구성된 인도에서의 최초의 아슈람(뜻을 같이하는 사람들의 생활공동체의 장소)은 아흐메다바드 근처 마을의 방갈로에서 시작되었다. 사티아그라하 아슈람의 성격을 간디는 '종교적 정신 속에서 사는 집단생활'로 규정하고 여기서 '종교적'이란 단어는 넓은 의미로서 어떤 특정 종교나 의식을 강요하지는 않았다. 그러나 도덕적 영적 성장에 도움이 되는 약간의 서약은 있었다. 일반적 서약으로서는 진리, 비폭력, 순결, 불가촉 천민제도의 제거, 육체적 노동 등이다. 간디는 사티아그라하 아슈람은 진리 추구와 진리 실천에 존재 가치를 두고 있으며, 아힌사는 남에게 해를 가하지 않는 소극적 개념뿐만 아니라 모든 생명체에 대한 사랑을 의미하는 것으로 풀이했다. 그는 힌사를 단순히 생명체에 물리적 상해를 가하는 것뿐 아니라 악의, 미움, 증오 등도 힌사로 간주했다. 순결의 맹세는 봉사에 자신을 전적으로 바치기를 원하는 사람들을 위한 것이었다. 이것은 인간 본능을 제한하는 것으로 여겨질 수도 있으나 간디는 성욕의 자제를 적당한 섭생, 노동, 사회봉사, 기도 등을 위한 규율 또는 훈련의 일부로 풀이하였다. 사실 위의 모든 맹세의 바탕에는 아힌사가 깔려 있는 것이다.

고대 인도에서 아슈람은 고행자, 수도자들을 위한 은신처였다. 그러나 간디의 아슈람은 현실 사회와 밀접한 접촉을 가지는 인도 사회의 중심지가 되었다. 그리하여 사바르마티 아슈람은 1920~1930년대의 불법, 불의에 맞서는 사티아그라하 투쟁의 전진기지가 되었다.

간디는 1917년 초 참파란 사티아그라하를 통하여 참파란 지역의 소작농과 유럽계 인디고 경작자들 사이의 불평등한 계약조건을 폐지하였고 지주의 횡포와 착취를 없앴다. 이어 1917년 후반에 아흐메다바드의 방직공장의 소유주와 노동자들 사이의 분쟁도 약자의 편에 선 그의 중재와 협상으로 해결되었다. 간디는 갈등과 분쟁을 해결하고 부정, 부당함을 바로잡는 효과적인 방법 - 사티아그라하 - 을 발굴하여 이미 남아프리카에서 그것을 성공적으로 실험하였고 그것이 이제 조국 인도에서도 그대로 적용될 수 있다고 확신하였다. 초기의 사티아그라하 실험에서 큰 성공을 거둔 그는 나아가 사티아그라하를 통한 인도의 독립도 예견하였던 것이다.

간디는 원칙을 위해 죽을 각오도 되어 있었지만 타협과 중재도 지지하는 인물이었다. 그는 타고난 전사였고 평화주의자였다. 그는 남아프리카에서나 인도에서나 영국과의 협력을 아끼지 않았으나, 1차 대전 후 인도에 자치정부가 배제되고 전쟁 시의 탄압정책이 계속되자 간디는 처음으로 영국 제국주의에 반대하는 신중한 행동을 취한다. 그 탄압정책이 로울라트 법안이고 간디의 신중한 행동은 로울라트 사티아그라하로 나타났다.

1917년 12월 총독 첼므스포드(Chelmsford)는 혁명주의자들의 활동과 그 범위를 조사하고 그들을 효과적으로 다루기 위한 입법을 추진하였다. 로울라트(Rowlatt) 법안이라는 이 법안(The Anarchical and Revolutionary Act)은 혁명 활동의 혐의가 있는 사람에 대한 법의 보호를 사실상 부정하는 것이었다. 법안은 정치적 폭력범들에게는 비공개로 재판할 수 있고, 단순히 혐의만 있어도 체포할 수 있게 되어 있다. 그리고 선동적인 문서를 소지하고만 있어도 2년 동안 투옥할 수 있도록 하였다.

간디는 이 법안을 '자유와 정의를 파괴하는 부당한 것이며 국가와 집단의 안전의 기초가 되는 개인의 기본권을 짓밟는 것'으로 규정하고 만약 이 법안이 통과되면 우리는 법안에 반대하는 사티아그라하 운동을 즉시 전개하겠다고 말했다. 총파업을 전개하기로 한 후 펀잡과 봄베이, 아흐메다바드, 나디아드, 그의 고향 등에서 비폭력의 원칙을 망각한 소요(폭동)가 일어났음을 간디는 알게 되었다. 결국 그는 국민들 속에 잠재해 있는 폭력성을 과소평가 했다는 결론을 내리고 사티아그라하 운동을 중지하게 된다.

"사티아그라하는 근본적으로 진리의 무기이다. 사티아그라히는 비폭력을 맹세해야 한다. 사람들이 사고나 말, 행동에 있어서 사티아그라하를 준수하지 않는다면 나는 대중 사티아그라하를 제안할 수 없다."

총파업이 폭력으로 변한 것에 대해 간디는 시민 불복종 운동을 시기상조로 여겼으며 자신이 큰 잘못을 저지른 것이라 고백하였다. 다시 말해, 민중들에게 그것에 대한 사전 준비도 없이 대중운동을 전개토록 한 자신이 큰 오류를 범했다고 스스로 시인하였다.

로울라트 법안에 반대하는 시위가 전국적으로 확산되고 있을 때 펀잡 주에서는 유래를 찾아볼 수 없는 엄청난 탄압 정책이 자행되고 있었다. 계엄령이 선포되고, 특별법정이 설치

되는 등 초법적 법 집행이 진행되고 있었다. 1919년 4월 13일 베사키 축제날 잘리안왈라 공원에 약 6000명의 시민이 군의 만행을 규탄하기 위해 모였을 때, 다이어 장군은 사전경고도 없이 군인을 투입하여 공원을 포위하고 무차별적으로 총을 난사하여 수백 명이 목숨을 잃었다. 이 잘리안왈라 공원 학살 사건에 대응해 간디는 비협력(Non-cooperation) 운동을 전개하여, 영국 상품, 영국의 훈장, 영국 법정, 영국 학교, 영국 직장 등을 거부하는 정책을 벌여 나갔다.

비협력 사티아그라하

1919년부터 1948년 암살을 당하기까지 간디는 인도 무대의 주인공이었고 독립의 영웅이었다. 간디를 중앙 정치 무대에 등장시킨 것이 로울라트 법안이었다. 법안이 지역적 문제가 아니기 때문에 그 투쟁은 전국적일 수밖에 없었다. 로울라트 사티아그라하로 야기된 잘리안왈라 공원 학살 사건은 영국이 저지른 만행의 대명사가 되었다.

로울라트 법안에 반대한 간디의 사티아그라하에 대한 반응은 두 가지로 볼 수 있다. 하나는 정부에 항의하는 간디의 운동에 처음으로 많은 민중이 함께 하였다는 고무적인 사실이고, 다른 하나는 비극적인 것으로 사티아그라하 운동이 일어난 많은 도시에서 폭력과 사망자가 발생했다는 것이다. 후자로 인해 그것이 중지되기도 하였지만, 이것은 새로운 도약의 기회가 되었다. 로울라트 사티아그라하로 중앙 정치무대에 입성한 간디는 킬라파트(Khilafat)와 비협력운동을 통해 인도국민회의의 리더가 되고 이후 독립운동의 중심에 서게 된다.

간디의 비협력(Non-cooperation) 운동과 자치의 요구는 민중의 독립 요구를 일깨우는 데 크게 기여하였다. 간디의 비협력 운동에는 자주 독립, 불가촉 천민제도 폐지, 힌두–무슬림의 결속, 모국어 사용, 입법, 사법, 교육기관의 보이콧 등이 포함되어 있었다. 간디가 비협력 운동 기간 중 그렇게도 비폭력을 강조하였음에도 불구하고 1922년 2월 24일 '차우리 차우라' 폭력 사태로 비협력 운동은 중지되고, 그는 3월 18일 기소되어 6년 형을 선고받고 예라브다 형무소에 수감된다. 이후 독립운동은 잠시 혼란 상태에 빠지나 독립을 향해 그가 지핀 사티아그라하의 불은 인도인들의 가슴에 계속해서 타오르고 있었다.

"비협력은 우리가 사용할 수 있는 유일한 무기이다. 그것은 모든 폭력으로부터 전적으로 자유롭고 가장 효과적이고 깨끗한 수단이다. 협력이 우리의 소중한 종교적 감정을 격하하고 모욕하고 상처를 가한다면 비협력은 우리의 의무이다. 만약 분노, 증오, 악의, 무모함과 폭력이 우세하면 대의명분은 끝날 것이다. 나는 비록 혼자가 되더라도 그것들과 목숨을 바쳐 싸울 것이다. 나의 목표는 이 세계와 우정을 공유하는 것이며 나는 위대한 사랑과 위대한 반대를 결합시킬 수 있다."

간디의 영국에 대한 입장이 충성에서 반역으로 돌아선 때가 1920년 초·중반이라는 것은 표면적인 것이고 그 과정은 훨씬 이전에 이루어졌다. 모든 선동자들에 대한 정부의 탄압과 정치, 경제적 부정에 대한 간디의 비폭력적 투쟁은 피할 수 없는 갈등이었다. 어떤 정부도 한 식민지의 시민이 법과 행정에 대해 비록 비폭력이기는 하지만 도전하는 것을 수용할 수는 없었을 것이다. 간디가 편잡 사태와 터키에 대한 영국 정책에 반대하여 항의로 비폭력 투쟁의 선두에 섰을 때 정부가 그 도전을 수용하기란 어려웠을 것이다. 「영 인디아」(1921.12.31.)에서 그는 "네로나 무솔리니에 의해 지배되는 국가도 좋은 점은 있다. 그러나 우리가 그 제도에 비협력하기로 결정한 이상 우리는 그 전체를 거부해야 한다. 영국 정부의 기구들은 머리에는 휘황찬란한 보석을 달고, 독으로 가득 찬 이빨을 가진 뱀과 같다"라고 주장했다.

간디는 1920년 8월 1일 첫 번째로 전국적인 비협력 운동(사티아그라하)을 전개하였다. 비협력은 인도의 역사에 있어서 한 시대의 이름이 되었다. 비협력은 평화적이라 하기에는 부정적이지만 효과 면에서는 충분히 긍정적이었다. 그의 비협력 아이디어는 단순하기 때문에 순간적이고 강한 호소력을 지녔다. 간디는 비협력을 자기 정화 운동으로 규정하였다.

"비협력은 정화의 과정이며 따라서 우리는 그의 몸이 아니라 우리와 사고가 다른 사람들의 가슴을, 그들의 마음과 감정을 어루만지도록 노력하여야 한다."

그에게 인도의 해방은 하나의 열망이고 비폭력, 비협력은 자유에 이르는 유일한 길이었다. 이 무렵 그는 정부에 경고를 보냈다.

　　"여러분은 우리를 감옥에 보내고 교수형에 처할 수는 있 다. 그러나 여러분은 우리로부터 협력을 구할 수는 없다. 나 는 영국인을 반대하는 것이 아니고 영국을 반대하는 것도 아니다. 나는 어떤 정부도 반대하지 않는다. 다만 진리가 아 닌 것을 반대하고 남을 속이는 것을 반대하며 부당, 부정을 반대한다."

1921년 비협력 운동은 열정적으로 번져가 전 인도에 대규 모 투쟁 형태를 수반하였다. 미드나포르(Midnapore)의 세금 안 내기 운동, 아쌈-벵갈 철도파업, 편잡의 아칼리(Akhali) 운동, 봉 건 지주들에 대한 농민들의 반란 등이 그 대표적인 것이었다. 국민들의 입에서 '마하트마 간디의 승리'가 그치지 않았다.

아흐메다바드 국민회의 연설에서 간디는 "나는 평화주의자 이다. 그러나 나는 어떤 희생을 치르는 평화는 원하지 않는다. 비폭력 비협력을 채택함으로써 인도는 담대하고 자기희생과 자존심을 정진시키는 데 크게 기여하였으며, 조국은 빠르게 독립을 향해 나아가고 있다"고 역설하였다.

간디의 비협력 캠페인은 국민들 사이에 정치적 사상을 전파시켰으며 독립의 의지를 일깨우는 데 크게 성공하였다고 볼 수 있다.

시민 불복종 운동

　마하트마 간디의 1920년의 비협력 운동이 무저항적 운동이었다면, 1930년의 시민 불복종(Civil Disobedience) 운동은 이전의 운동보다 훨씬 적극적이고 저항적이었다. 전자가 정부에 협력을 하지 않음으로써 정부를 곤경에 처하도록 하는 것이었으나, 후자는 대규모의 특별한 불법 행위를 감행함으로써 영국의 지배체제를 마비시키는 것이었다. 소금법 반대 행진(Dandi March 1930)은 간디에 의해 주도된 뛰어난 전략을 갖춘 시민 불복종 운동의 한 모델을 제시하였다고 볼 수 있다. 이 운동의 직접적인 목적은 가난한 농민들을 착취하는 소금법의 철폐였다. 이는 외세에 의한 인도의 정복을 상징하는 소금법에 항거함으로써 생필품에 대한 정부의 독점을 용인하지 않으려는 것이었다. 인도 국민들에게 부당한 소금법에 불복종하고 원하는 소금을 제조하는 것은 그들의 권리라고 이해하게 하는 것이 이 운동의 목적이었다. 보다 더 깊은 함축적 의미는 독립과 인도인의 권리를 되찾는 것이었다. 소금법 반대 행진에서 간디는 군중들에게 비협력의 의미를 반복해서 설명했다.

"오늘 우리는 소금법에 도전하고 있습니다. 이런 식으로 우리가 비협력을 강력하게 실행에 옮기면 결국 행정은 마비될 것입니다. 정부더러 우리에게 규칙을 적용하고, 우리에게 총을 쏘고, 우리를 감옥에 보내고, 우리를 교수형에 처하라고 하십시오. 그러나 얼마나 많은 사람들에게 그런 벌을 내릴 수 있겠습니까? 영국인들이 3억 명을 교수형에 처하는 데 시간이 얼마나 걸릴 지 계산해 보십시오."

간디의 행위는 사실상 영국의 지배에 대한 공식적인 전쟁 선포를 의미하는 것이었고 대규모적인 민중 운동의 신호였다.

  "단디(서부 해안의 도시)는 지난 24일 동안 나의 목적지였다. 그러나 지금 우리의 진정한 목적지는 스와라즈(독립)이다. 우리가 스와라즈의 모습을 가질 때까지 우리의 마음은 평화롭지 않으며 또한 정부를 평화롭게 놓아두지 않을 것이다."

소금법 반대 행진은 두 가지의 결과를 가져왔다고 볼 수 있다. 첫째는 인도인들에게 식민지 국가라는 굴레를 벗어 던질 수 있다는 확신을 가져다주었다는 것이고, 둘째는 영국인들에게 그들 스스로 인도에 굴복하였다는 것을 깨닫게 하였다는 사실이다. 1930년 이후로 언젠가는 인도가 식민 지배를 거부할 것이라는, 다시 말하여 인도인들이 총칼과 곤봉에 맞아 터

지면서도 비폭력으로 당당히 맞서는 것은 이미 영국이 인도를 이길 수 없다는 것을 확신시켜 주었던 것이다.

소금법 반대 운동을 시작으로 1년 내내 다양한 형태의 비협력 운동과 시민 불복종 운동이 전개되었다. 그 결과 간디와 어윈 총독과의 협정에 따라 소금법이 수정되었고, 정부는 많은 것을 양보하는 데 동의하였다. 이 운동은 자유와 독립을 향한 투쟁에 국민회의의 깃발 아래 여러 지역의 민중들을 결속하고 정치의식과 독립의지를 일깨우는 데 크게 기여하였다.

1929년 12월 29일 라호르(Lahore)에서 열린 국민회의 정기대회에서는 자와할랄 네루(Jawaharlal Nehru)가 의장으로 피선되어, 완전 독립(Complete Independence)이 국민회의의 목표이고 필요하다고 판단되면 언제든지 시민 불복종 운동을 전개한다고 천명하였다.

국민회의는 1930년 1월 26일을 독립 기념일로 선포하고 전국적으로 기념행사를 통하여 독립의 결의를 다짐하기로 하였다. 독립을 쟁취하려는 인도 민중의 사기는 날로 고양되어 갔다. 여기에는 계급적 자각을 갖기 시작한 노동자, 농민, 사회주의와 민족주의에 눈 뜬 청년, 학생 등 모든 계층이 포함되어 있었다. 간디는 인도인들에게 1월 26일을 독립의 날로 지켜달라고 호소하였다.

"우리는 자유를 얻고 자신의 노동의 열매를 즐기고 삶에
필수적인 것들을 확보하는 것, 그렇게 하여 성장을 위한 완

전한 기회를 얻는 것이 인도 민족의 양도할 수 없는 권리라고 믿는다. 우리는 또한 어떤 정부가 국민에게서 이런 권리를 빼앗고 국민을 억압한다면, 그 국민에게는 그런 정부를 바꾸거나 폐지할 권리가 있다고 믿는다. 인도의 영국 정부는 인도 민족으로부터 자유를 빼앗았을 뿐 아니라 대중을 착취했으며, 경제적으로, 정치적으로, 문화적으로, 정신적으로 인도를 파멸로 몰아넣었다. 따라서 우리는 인도가 영국인들과 관계를 단절하고 '뿌르나 스와라즈', 즉 완전 독립을 쟁취해야 한다고 믿는다."

이제 간디가 왜, 어떻게 아힌사라는 무기를 택했는가를 살펴보기로 하자. 간디가 아힌사를 이용하여 영국 식민세력에 대항하여 독립운동을 계속할 때, 일부에서는 폭력적인 수단으로 영국과 대항해 싸울 입장이 못 되기 때문에 아힌사라는 수단을 택한 것이 아닌가 하는 의문을 제기하기도 하였으며, 또한 세계 역사상 비폭력적인 혁명은 없었다며 회의와 조소를 보내기도 하였다. 그러나 간디는 이를 부인하며, 비폭력의 힘을 이렇게 적시하였다.

"나는 인도의 독립이 큰 목표이긴 하지만, 아힌사를 버린 채 폭력적인 방법으로 인도의 독립을 바라지는 않는다. 그보다 더 크고 더 높은 목표는 인간의 마음속에 변화를 가져오게 하여, 인간으로 하여금 목적달성을 위해 야만적이고 잔인한 방법을 택할 수도 있지만 그보다는 인간이 택할 수 있는, 인간에게 합당한 수단들로도 이룰 수 있다는 믿음을 보여주고자 한다. 비폭력 저항은 폭력적 저항보다 훨씬 더 활동적이다. 그것은 직접적이며, 쉼이 없고 그것의 3/4은 보이지 않고 1/4만 보인다. 가시적 영역에서 그것은 효과가 없는 것처럼 보이지만, 실제로는 강력하게 활동하며 궁극적인 결과에서는 가장 효과적이다. 폭력의 행위는 그것이 계속되는 동안 가장 잘 보인다. 하지만 그것은 언제나 일시적이다. 히틀러, 무솔리니, 스탈린은 폭력의 즉각적인 효과를 보여줄 수 있다. 하지만 석가모니의 비폭력 행위의 효과는 여전히 지속되고 있고, 세월이 흐름에 따라 증대될 것이다. 비폭력이 실천되면 될수록 더욱 효과적인 것이 되고 무궁무진하게 되며, 궁극적으로는 '기적이 일어났다'고 외치게 될 것이다. 모든 기적들은 보이지 않는 힘들의 조용하지만 효과적인 작용 때문에 일어나는 것이다. 그래서 대중의 마음은 처음에는 무의식적으로 그 다음에는 의식적으로 영향을 받게 되고 나아가 대중의 마음이 의식적으로 영향을 받게 되었을 때, 우리는 분명히 승리하게 된다."

간디의 주목적은 인도인에게 가해지는 고통을 방지하기보다는 근본적인 인간의 야만성과 잔인성을 없애는 데 있었다. 동물은 분노나 증오를 그대로 나타내지만, 인간은 자기의 감정을 자제하여 일상적인 인생의 제 문제를 이성으로 해결하기를 바라는 것이다. 아힌사에 감추어져 있는 힘은 그만이 감지할 수 있었다.

"진정한 아힌사는 두려움이나 어찌할 수 없는 무력함에
서가 아니라 사랑과 능력, 힘에서 나오는 것입니다. 화와 분
노가 없는 인내와 관용 앞에 아무리 강한 힘도 고개를 숙이
게 될 것입니다. 분노는 우리 마음에서 완전히 없어져야 합
니다. 그렇지 않으면, 우리와 억압자 사이에 무슨 차이가 있
습니까? 분노는 어떤 사람에게는 발포 명령을 내리게 하고,
어떤 사람에게는 욕설을 하게 하고, 또 어떤 사람에게는 몽
둥이를 들게 합니다. 이런 행동들은 근본 뿌리에서는 모두
같습니다. 여러분이 마음속에서 분노를 느낄 수도 없고 품
을 수도 없게 되었을 경우에만, 여러분은 폭력을 털어 버렸
다고 주장할 수 있고, 끝까지 비폭력으로 남아 있기를 기대
할 수 있을 것입니다."

　간디는 사티아그라하 운동을 하는 사람은 증오, 노여움, 복
수심을 가져서는 안 되며, 상대방을 얕보거나 천시해도 안 되
며, 오히려 상대방의 괴로움이나 오해를 없애 주고, 그의 마음
속에 호의와 우애가 싹트도록 하는 마음 자세로 사티아그라하
운동을 해야 하며, 아힌사는 서로 투쟁하는 양측 모두에게 도
움이 되고 서로 상대방의 마음속에 고귀한 휴머니즘을 불러일
으키는 수단이 되어야 한다고 역설하였다. 간디는 비폭력을
인간 존재의 본질적인 부분으로 특정 경우에 활용해야 하는
원리나 덕도 아니고, 특정 당파나 분파와 관련해서만 실천되
어야 하는 원리나 덕도 아니라고 강조하였다.

간디는 "아힌사는 매우 활동적이고 기능적인 힘을 가지고 있으며, 거기에는 겁쟁이는 말할 것도 없고 힘이 없는 약자들이 설 곳은 없다"라면서 아힌사를 힘 있고 용감한 사람들의 것으로 못 박고 있다.

"아힌사는 보복함이 없이 고통당할 수 있는 힘과 용기를, 주먹질을 당하면서도 한 대도 돌려주지 않을 힘과 용기를 필요로 합니다. 하지만 그것으로 아힌사의 의미를 다하는 것은 아닙니다. 진리를 외쳐야 하고 그것에 따라 행동해야 할 경우에 침묵하는 것은 비겁한 짓입니다. 우리가 만일 국민회의가 선언한 대로, 진리와 비폭력을 통해 인도의 독립을 얻으려고 한다면, 우리는 용기를 길러야 합니다. 진리와 비폭력을 통해 인도의 독립을 얻으려는 것은 그것을 위해 살아갈 가치가 있는 이상이기도 하고 죽을 가치가 있는 이상이기도 합니다. 그 이상을 받아들인 여러분 한 분 한 분은, 만약 단 한 사람의 영국인 여성이나 영국인 아이가 공격을 당한다면 그것을 비폭력이라는 여러분의 강령에 대한 도전으로 느끼고, 여러분이 목숨을 걸고서라도 위협 당한 희생자를 보호해야 합니다. 우리가 영국 정부에 대해 불평불만이 있다는 이유로 무방비의 영국인 여성들과 아이들을 공격하는 것은 사람의 짓이 아닙니다." (「하리잔」, 1946.4.7.)

간디의 아힌사는 조국인 인도뿐만이 아니라 전 세계에 도덕적인 질서를 확립하는 것이 그 목적이었다. 그는 사회악, 불평

등 등을 제거하기 위한 하나의 수단으로 그것을 사용하였다.

> "아힌사는 사회 정의를 위한 수단으로 사용될 수 있는데,
> 그것은 상대방에게 상해를 가하는 것이 아니라 그를 사랑으
> 로 감싸는 것으로, 그리고 상대방에게 고통이나 괴로움을 주
> 는 것이 아니라 스스로 고통을 감내하는 것으로, 굴욕이나
> 악의에 용기 없이 복종하지 않고 비록 죽음에 직면하더라도
> 그에게 비폭력으로 저항하는 것으로 이루어져야 한다."

때때로 간디의 아힌사는 인도의 전통적인 아힌사와 상충될
때가 있다. 그의 아힌사는 어떤 상황하에서도 살상이나 상해
를 죄나 악으로 간주하는 자이나교의 아힌사와, 마누(Manu)법
전의 탄력적인 아힌사 사이의 중도적인 입장을 취하고 있다.
마누법전은 종교의식과 식용으로, 나아가서 자기 방어의 수단
으로서도 살생을 허용한다. 간디는 종교의식이나 고기를 먹기
위해 살생을 허용하는 마누의 아힌사를 반대하는 점에서는 힌
두보다는 자이나교도에 가깝다. 그러나 그는 상황에 따라서
살생을 죄나 악으로 간주하지 않았던 점에서는 자이나교도와
또 다르다. 간디는 모기나 해충의 박멸을 위해 소독을 한다거
나, 자기 방어를 위해 인명을 해치는 야생 동물을 죽이는 것은
폭력을 행하는 것이 아니라고 보았다.

우리가 살아가는 한 폭력을 완전히 피하기란 불가능할 것
이다. 그렇다면 어느 정도에서 선을 그어야 하는가라는 문제

가 생긴다. 그 기준이 모든 사람들에게 동일할 수는 없다. 비록 그 원리는 본질적으로 동일하지만, 각자가 그것을 자기 나름대로 적용하기 때문이다. 폭력인가 비폭력인가에 대한 최종 판단은 행위 배후에 있는 의도에 달려 있다. 한 사람에게는 음식이지만 다른 사람에게는 독이 되는 것이다. 이에 대해 간디는 이렇게 말했다.

"내가 만일 농부가 되어 정글 안에 정착하기를 원한다면, 나는 내 경작지를 보호하기 위해 최소한의 불가피한 폭력을 사용할 수밖에 없을 것이다. 내 수확물을 해치는 원숭이·새·벌레들을 죽여야 할 것이다. 내가 만일 스스로 죽이기를 원치 않는다면, 나는 나를 위해 다른 사람에게 그 일을 부탁해야 할 것이다. 그러나 이 양자 사이에 큰 차이는 없다. 나라에 기근이 들었는데도 아힌사의 미명 아래 동물로 하여금 수확물을 먹고 해치게 내버려두는 것은 분명 죄악이다. 선과 악은 상대적인 용어이다. 어떤 조건 아래에서는 선이지만, 다른 조건 아래에서는 악이나 죄가 될 수 있다. 우리는 경전의 우물에 빠져 익사해서는 안 되며, 넓은 바다에 뛰어들어 진주를 찾아와야 한다. 우리는 한 걸음 움직일 때마다 무엇이 아힌사이고 무엇이 힌사인가에 대해 분별력을 발휘해야 한다. 여기에 수치나 비겁이 들어설 여지는 없다. 신에게 가는 길은 용기 있는 자를 위한 길이지, 결코 겁쟁이를 위한 길이 아니다." (「하리잔」, 1946.6.9.)

한번은 송아지 한 마리가 불구가 되어 먹지도 못하고 호흡도 곤란하여 심한 고통을 당하고 있을 때, 간디는 동료들과 논쟁 끝에 그 송아지의 목숨을 끊었다. 그러고는 그것이 전적으로 이기적인 행동이 아니었으며, 그것의 유일한 목적은 고통으로부터 송아지를 구하는 것이었기 때문에 그 행위를 비폭력이라고 주장하였다. 그는 이기심으로 타인에게 고통을 주는 것 또는 고통을 주기 위해 상해를 가하는 것은 폭력으로 규정하였지만, 어떤 사람을 행복하게 해 주기 위해 고통을 주는 것이 필수적이라면 냉정하게 그리고 사심 없이 그렇게 하는 것은 비폭력일 수 있다고 하였다. 이 송아지 사건을 두고 한 시민이 간디에게 다음과 같은 편지를 보냈다.

"어떤 사람이 전체 민중을 억압하기 시작했고, 그 억압을 중단시킬 다른 방도가 없다고 가정해 봅시다. 이것을 송아지 사건에서 유추한다면, 그를 죽임으로써 그의 존재를 사회로부터 없애 버리는 것이 아힌사의 행위가 아닐까요? 당신은 그런 행위를 불가피한 행위로, 그래서 아힌사의 행위로 간주하지 않습니까? 이런 원리에 따른다면 입증된 폭군을 잡아 없애는 것은 아힌사로 간주될 수 없을까요? 당신은 농부의 농작물을 파괴하는 동물을 박멸하는 것에 아무 힌사가 없다고 말했습니다. 그렇다면 파괴로, 그리고 그보다 더 나쁜 것으로 사회를 위협하는 나쁜 인간을 죽이는 것이 왜 아힌사가 아닙니까?"

이 편지에 대해 간디는 이렇게 답했다.

"아힌사에 대한 나의 정의는 의미를 아무리 확장한다 하여도 투고자가 생각하고 있는 것과 같은 살인의 경우는 포함되지 않는다. 송아지 죽이기는 그 말 못하는 동물을 위하여 단행된 것이고 송아지의 선이 유일한 동기였다. 위의 투고자가 언급한 문제는 골칫거리 원숭이 문제(간디는 자신이 기거하고 있는 아슈람을 원숭이들의 습격으로부터 보호하기 위해 그들을 잡아 없앨 수도 있다고 말했다)와 비교될 수 있다는 점은 분명하다. 하지만 골칫거리 원숭이와 골칫거리 인간 사이에는 근본적인 차이가 존재한다. 사회는 아직 원숭이의 심정 변화를 유발할 수 있는 어떤 방법도 알지 못한다. 그래서 그들을 죽이는 것이 용서받을 수도 있다고 하는 것이다. 하지만 아예 교정이 불가능하다고 간주될 수 있는 악인 혹은 폭군은 존재하지 않기 때문에, 자기 이익을 위해 살인하는 일은 아힌사의 구도 안에 어떤 자리도 차지할 수 없다.

이제 동기의 문제로 가보자. 여기에서 심적 태도가 아힌사의 긴요한 검증 수단이긴 하지만, 유일한 검증 수단은 아니다. 자신의 이익을 위해서 죽이는 것이 아니라 할지라도, 어떤 생명체라도 죽이는 일은 동기가 아무리 고결하다고 해도 힌사이다. 사회가 두렵거나 혹은 기회가 없어서 자신의 악의를 행동으로 옮길 수 없지만 다른 사람에 대해 악의를 품고 있는 자는, 힌사에 있어서 살생보다 죄가 작은 것이 아니다. 어떤 특정한 행위가 아힌사로 분류될 수 있는지의 여부를 결정하기 위해서는 의도와 행위, 모두를 보아야 한다."
(「영 인디아」, 1928.10.18.)

평생을 진리를 찾아 나선 구도자답게 간디는 자신의 한계를 시인한다.

"민중이 나에 대해 과분한 평가를 내리지 않을까 두렵다. 사람들은 내가 아힌사라는 이상을 분석하고 정의하려 한다고 해서, 내가 그 이상을 완전히 실현했다고 생각하는 듯하다. 송아지와 원숭이에 대한 내 견해가 그들의 환상을 깨뜨린 것 같아서 다행이다. 육신의 삶을 지속하려는 욕구가 부단한 힌사에 내 자신을 연루시키고 있다는 사실을, 나는 고통스럽게 자각하고 있다. 바로 그 때문에 나는 내 육신에 대해 점점 무관심해지고 있다. 예를 들면, 나는 숨 쉬는 행위에서 내가 공기 중에 부유하는 보이지 않는 병균을 파괴하고 있다는 점을 알고 있다. 하지만 나는 숨쉬기를 중지하지 않는다. 채소를 소비하는 일에도 힌사가 들어 있지만, 나는 그것을 포기할 수 없다는 점을 자각하고 있다. 방부제 사용에도 힌사가 있다. 하지만 모기 등의 해충을 제거하는 데 필요한 등유와 같은 소독약의 사용을 그만둘 수는 없다. 아슈람에서 사람이 위해를 입지 않도록 할 수가 없을 때, 나는 뱀 죽이기를 허락한다. 이런 식으로 내가 직·간접적으로 범하는 힌사에는 끝이 없다."

그에 의하면, "아힌사를 함양하기를 원하는 사람에게 요구되는 최소한의 조건은, 비겁한 생각을 버리고 크고 작은 모든 활동에 있어서 행동을 통제해야 한다. 그리하여 화를 냄이 없이, 겁을 내서는 안 되며 (중략) 한 대 맞고 한 대 주먹으로 칠 수도 있지만, 모든 경우 자기의 성격을 조절할 수 있다면 그는 아힌사를 발전시킬 수 있으며, 또 상대방으로부터 인정하지 않을 수 없게 만들 것이다. 또한 자기 주변의 인간관계에서 아힌사를 실행하지 않고, 큰 사건에만 적용하기를 바란다면 그것은 전적으로 잘못이다. 아힌사는 자비와 같이 가정에서 먼저 시작되어야 한다"는 것이다.

그는 "아힌사의 목적은 인간의 마음을 정화하는 것이다"라고 말하고 아힌사를 실행함으로서 인간의 무지와 격정, 증오, 시기, 질투, 이기심 등을 없앨 수 있다고 역설했다. 인간이 마음속으로부터 휴머니즘에 대한 우러나오는 사랑이 없다면, 그의 사고나 말, 행동은 사티아(진리)와는 거리가 먼 것이다. 인간이 진실을 이야기한다는 것은 그가 다른 사람에 대한 존경과 사랑이 있기 때문이다. 사랑이 있는 곳에 진리가 있고, 사랑과 진리가 있는 곳에 행동은 아힌사적이 될 것이다. 간디에게는 아힌사가 사랑이었고 진리가 신이었다. 사랑은 신에 이르는 수단이었다. 따라서 그는 일상생활에서 사랑(아힌사)을 실천함으로써 신과 영적 교섭을 이룰 수 있다고 믿고, 인류에의 봉사가 곧 신에 봉사하는 것이라고 강조했다.

"내가 동료에게 모질게 말했던가? 내가 그에게 저급한 카디(물레를 돌려 짠 면)를 주고 좋은 카디는 나를 위해 남겨두었던가? 내가 제대로 굽지도 않은 로티(인도인들의 주식으로 살짝 구운 빵)를 그에게 주고 완전히 구운 것은 나를 위해 남겨두었던가? 내가 의무를 기피하고 그 부담을 동료에게 떠넘기지 않았던가? 앓고 있던 이웃을 섬기는 데 나태하지 않았던가? 내가 노동자를 꾸짖었던가? 그가 지쳐 있다는 점을 생각하지도 않고 그에게 일을 계속 강요했던 것은 아닌가? 쌀이 설익었다고 부엌에서 화를 내지는 않았던가?" (「하리잔」, 1940.7.21.)

간디에게는 이 모든 것들이 강력한 폭력의 모습이었다. 그는 이와 같은 일상적인 행위에서 자발적으로 아힌사를 준수하지 않는다면 다른 영역에서 준수하기를 결코 배울 수가 없을 것이라고 주장하고, 비폭력은 가족 구성원 사이에서처럼 실천하기 쉬워야 한다고 말했다. 한 가족이나 한 단체 안에 있는 친지들이나 동료들에 대해 우리가 실천하는 바로 그 사랑을, 우리는 우리의 적과 강도 등에게도 실천해야 하기 때문이다.

"내가 만일 힌두교도라면, 반드시 이슬람교도와 다른 종교를 믿는 자들과도 형제처럼 친하게 지내야 합니다. 타인과의 교제에 있어서 나와 같은 종교의 신도들과 다른 종교의 신도들 사이에 차별을 두어서는 안 됩니다. 일체의 공포나 부자연스러운 느낌 없이 그들을 섬길 기회를 얻어야 할 것입니다. 아힌사 사전에 '공포'라는 단어는 존재하지 않습니다. 순수 아힌사의 신봉자는 이와 같은 사심 없는 봉사로 스스로 자격을 갖춘 다음, 집단 간에 돌발사태가 발생할 때 자신을 적합한 제물로 바칠 수 있어야 합니다." (「하리잔」, 1940.7.21.)

간디는 신을 도덕성(윤리성)에서 찾았다.

"신은 정의를 내릴 수 없는 개체로서 느낄 수는 있으나 알 수는 없다. 나에게 신은 진리이며 사랑이고, 도덕성이며 윤리성이다."

간디에 의하면 인간이 도덕적이지 못하면 그를 종교적 인간이라고 말할 수 없다. 종교의 근본을 그는 도덕(윤리)을 지키는 데서 찾는다. 그는 종교와 도덕은 떼어놓을 수 없는 것으로 봤다. 씨를 뿌리고 물을 주어야 싹이 나오듯이, 씨와 물의 관계를 종교와 도덕으로 비유했다. 그는 또, 신에 대한 확고한 믿음 없이 아힌사의 이상을 추구한다는 것은 어렵다고 말하고, 아힌사를 추구하는 사람은 신에 대한 절대적인 믿음이 있기 때문에 결코 절망에 빠지지 않는다고 역설하였다. 이처럼 그는 아힌사를 실용성에서가 아니라 고차원의 도덕성을 띠는 인간의 유일한 법으로 받아들였다. 그래서 그는 힌사를 동물들의 천성적인 법으로 간주했던 것이다. 폭력이 짐승의 법칙이라면 비폭력은 우리 인간의 법칙이며, 비폭력의 종교는 성자들만의 것이 아니라 보통 사람들의 것이라고 말하였다.

　　"아힌사가 우리 사회에 퍼지기 위해서는 신에 대한 열렬한 신앙이 있어야 합니다. 비폭력은 보상에 대한 일체의 기대도 없이 부단히 선을 행함으로서 우리에게 다가옵니다. 비폭력은 단순히 그 자체를 활용하는 것이고 그 자체가 보상입니다. 그런 정신에서 비폭력을 실천하면 비폭력은 친구들에 대해서만 실천되는 것이 아니라 적들에 대해서도 실천되는 것이 분명합니다. 생소하고 불리한 환경이었던 남아프리카에서 신은 비폭력을 나의 길로 제시해 주셨습니다. 나는 안면 있는 유럽인이나 인도인이 하나도 없는 나라에 변호사로 활동하기 위해 갔던 것입니다. 하지만 나는 과오와 부정의를 교정하는 유일한 치유책으로 고통이라는 영원한 법칙을 배우는 데 성공했습니다. 그것은 적극적으로는 비폭력의 법칙입니다. 당신은 모든 사람들의 손에 즐거이 고통을 당할 준비가 되어 있어야 하며, 아무에게도 심지어 당신에게 잘못을 범한 자에게도 악의를 품어서는 안 됩니다."
(「하리잔」, 1938.3.12.)

　　"여러분은 비무장의 비폭력이 항상 무장의 폭력보다 훨씬 우세하다는 점을 자각해야 합니다. 나에게 비폭력의 수용은 본능적이었고, 내가 받은 훈육의 일부였고, 유년기의 영향 때문이었습니다. 나는 50여 년 동안 비폭력 강령을 가르쳐왔습니다. 그 우월한 힘을 나는 남아프리카에서 깨달았는데, 거기에서 조직적인 폭력과 인종적 편견에 대항하여 비폭력으로 싸웠습니다. 나는 그것을 남아프리카에서 실천에 옮겼고, 폭력의 방법보다 비폭력의 방법이 우월하다는 분명한 확신을 가지고 남아프리카에서 귀국했습니다. 우리는 인도에서도 우리의 권리를 얻는 데 비폭력을 사용했고, 어느 정도는 성공했습니다. 만일 폭력의 방법이 많은 훈련을 요구한다면 비폭력의 방법은 더 많은 훈련을 요구하며, 그 훈련은 폭력에 대한 훈련보다 훨씬 어렵습니다. 그 훈련의 최고 핵심은 신에 대한 열렬한 신앙을 가진 자는 신의 이름을 걸고 사악한 행위를 하지 않을 것이라는 데에 있습니다. 그는 칼에 의존하지 않고 오로지 신에만 의존할 것입니다. 비겁은 신에 대한 믿음의 표시가 아닙니다. 진정한 신의 사람은 칼을 사용할 힘을 가지고 있지만 모든 사람들이 신의 형상이란 점을 깨달아, 칼을 사용하지 않을 것입니다."

(「힌두스탄 타임즈」, 1938.5.5.)

간디의 이와 같은 신에 대한 열렬한 신앙은 인류의 형제애를 의미하며, 모든 종교에 대한 동등한 존경을 의미한다. 그는 한 종교가 다른 종교들보다 우월하다고 믿는다든가 다른 사람들에게 자신의 종교로 개종하라고 요구하는 것은 정당화 될 수 없으며 그것은 불관용의 극치이고 불관용은 폭력의 일종으로 보았다.

1916년 초, 간디는 아힌사를 소극적인 면과 적극적인 면으로 구별했다.

"소극적인 의미의 아힌사는 육체적으로든 정신적으로든
어떤 생명체에도 상해를 가하지 않는 것이다. 따라서 나는
나쁜 일을 하는 사람을 해하지 않으며, 그에 대한 악의도 품
지 않으며, 그가 정신적인 고통을 당하도록 하지도 않을 것
이다. 적극적인 아힌사는 큰 사랑과 자비를 뜻한다. 만약 아
힌사를 따르는 사람이라면, 적을 사랑해야 한다. 이 적극적
인 아힌사는 필연적으로 진리와 두려워하지 않는 대담성을
내포하고 있다. 그가 비록 행악자를 사랑해야 하지만, 절대
로 그의 잘못이나 불의에 굴복해서는 안 되며, 진력을 다해
반대해야 하고, 그 반대에 대한 벌로 행악자가 내릴 수 있는
온갖 학대를 원한 없이 끈기 있게 견뎌내야 한다."

폭력을 가할 수 있는 능력이 충분히 있음에도 폭력을 가하
지 않는 그런 사람만이 아힌사의 다르마를 실천할 능력이 있
다는 것이다. 간디의 아힌사는 사랑·자비·용서를 포함한다.
그는 이것들을 용기 있는 자의 덕으로, 그리고 용기는 육신의
것이 아니라 정신의 것이라고 지적하였다.

간디의 말과 행동에서 볼 때, 그가 말하는 힌사는 다른 사람
에게 육체적, 물리적 고통을 주는 것만이 아니고 자기의 주장
을 이기적으로 고집(아집)하는 것도 포함되는 것이다. 물론 이
것은 인도에서 아힌사를 가장 많이 강조한 자이나교의 '아네

칸타와다(Anekantavada)'에서 나온 것이다. 자이나교의 '아네칸타와다'는 사고의 힌사로 우리 인간이 아집에 빠지는 것을 구해주는 것이며, 자기의 주장만이 옳은 것이 아니라 자신의 주장에 반대하는 사람의 주장도 옳을 수 있다는 교훈을 심어주는 것이다. 이것은 인간의 지적 아힌사를 강조하는 것으로 이와 같은 자이나교의 '아네칸타와다'는 간디에 이르러 새로운 생명을 얻게 된다. 그의 이 지적인 아힌사가 그를 타협주의자로 이끌었고, 반대주의자들을 이해하고 믿도록 하였던 것이다.

간디가 1942년 영국인들로 하여금 '인도를 떠나라(Quit India)'라는 운동을 전개할 때 미국의 유명한 언론인 루이스 피셔가 그에게 다음과 같이 물었다.

"당신이 이 운동을 전개함으로써 제2차 세계 대전을 방해하는 것이 될 것이다. 미국인들은 당신의 이 운동을 좋아하지 않을 것이며 당신을 연합군의 적으로 간주하게 될 것이다."

간디는 답했다.

"피셔 씨! 당신 나라의 대통령에게 나로 하여금 이 운동을 중지하도록 이야기하시오. 나는 원칙적으로 타협주의자요, 결코 내가 바른길에 서 있다고는 생각하지 않소!"

여기서 우리는 그의 지적 아힌사인 타협주의 사고를 알 수 있다. 그의 '아네칸타와다'는 다음에 잘 나타나 있다.

"내가 보기에는 내가 늘 진리의 길을 걷고 있다고 생각되는데 그러나 나의 진정한 비평가들은 나에게서 잘못을 발견한다. 처음에는 나 자신이 옳고 다른 사람들은 무지하다고 나는 생각했었다. 그러나 지금은, 나는 보는 관점에 따라 둘 다 옳다고 믿는다. 이것은 나에게 이슬람교도는 이슬람교의 관점에서, 기독교인은 기독교의 관점에서 파악해야 함을 인지하게 해 주었다. 처음에 나는 나의 반대자들을 무지하다고 믿었으나, 이제 나는 반대자들을 사랑한다. 왜냐하면 이제 나는 나 자신을 반대자의 입장에서 볼 수 있기 때문이다."

결론적으로 간디는 아힌사의 방법으로만 진리, 즉 신을 만날 수 있다고 생각했다. 즉 인간은 불완전한 존재이기 때문에 완벽한 진리를 깨달을 수는 없고, 완벽한 진리를 깨닫기 위해서는 아힌사라는 힘을 빌려야 한다고 역설하였다. 아힌사는 인도의 종교인 힌두교, 불교, 자이나교의 기본적인 원칙으로 단순히 남을 해하지 않는다는 소극적인 의미를 넘어 사랑을 베푼다는 적극적인 의미를 뜻한다. 그래서 간디는 아힌사란 말과 사랑이라는 말을 동일시하였다. 간디는 '모든 종교에서 공통적인 것은 사랑'이라고 규정한다. 인간은 삶을 영위하기 위해 폭력을 저지르며 살아갈 것이다. 그러므로 우리는 사랑

(아힌사)의 실천으로 생명의 존엄성을 지키기 위해 노력하지 않으면 안 될 것이다.

간디는 이처럼 종교적 가치에 대한 재평가를 통해서 모든 종교는 사랑(아힌사)을 통하지 않고서는 진리를 발견할 수 없음을 깨닫게 되었다. 그러므로 그가 전개한 사티아그라하 운동은 보편적 종교심 — 사랑 — 에서 나왔다고 할 수 있다.

우리의 관심을 더욱 끄는 것은 간디가 1927년 1월 동아일보에 '조선이 비폭력 방법으로 조선의 것이 되기 바란다'는 편지를 보내 우리나라의 독립에도 관심을 가졌다는 사실이다.

1947년 8월 15일은 인도가 독립과 함께 인도와 파키스탄, 두 국가로 분리된 날이다. 분리 독립을 즈음하여 힌두와 무슬림 사이에는 민족의 대이동 속에 살육, 폭행, 방화, 약탈이 이어졌다. 평생을 조국의 독립과 힌두-무슬림의 화합을 위하여 아힌사를 외친 마하트마 간디가 1948년 1월 30일 암살이라는 폭력에 의해 쓰러졌다. 이 얼마나 큰 역사의 비극인가?

맺는 말

유사 이래 오늘날까지 인류의 역사는 아힌사를 향해 전진해 왔다고 볼 수 있다. 수렵생활에서 유목생활로, 농경생활로, 다시 문명화된 도시와 국가를 건설하면서 인류는 힌사의 생활에서 아힌사의 생활로 발전해 왔다. 인간은 다양한 환경과 정치·종교·사회적 규범 속에 살면서도 아힌사의 생활을 최고의 덕목으로 지켜오고 있다. 시대에 따라 그것은 구원에 이르는 최고의 가치가 되기도 하였고 인류 보편의 사랑이 되기도 하였다. 모든 생명체가 존재 가치를 누리는 아름다운 공동체를 만들기 위해 우리는 인류 보편의 가치인 아힌사를 더욱 발전시켜야 할 것이다.

앞에서 인도의 아힌사 사상을 대략적으로 살펴보았다. 아힌사는 인도 문화의 근본 사상으로, 종교가 생활이요, 생활이 곧 종교인 인도인의 삶에 오랜 역사와 함께 깊이 뿌리박힌 정신적 유산이 되어 오고 있다. 인도인들은 힌사를 증오하고 아힌사를 사랑하는 것을 그들의 민족성이라고 말하고 있다. 불교나 자이나교에서 아힌사는 해탈(구원)을 얻기 위한 수단이었다.

자이나교는 업의 속박에서 벗어나 영혼을 깨끗이 하고 영혼의 영원한 안정을 얻기 위해서는 철저한 고행과 계율의 실천이 중요하다고 강조한다. 마하비르의 가르침 가운데 가장 중요한 것의 하나가 모든 생명체에 대한 엄격한 아힌사의 준수였으며 그것은 구원에 이르는 유일한 수단이었다.

불교에서 아힌사는 불살생이라는 의미로 영원한 규범이다. 불교는 생명의 존중에서 더 나아가 봉사와 헌신을 강조한다. 이것은 인류가 추구해야 할 영원한 법칙이다. 나를 존중하는 마음만큼 세상을 이루는 유형·무형의 생명체들을 존중하는 마음이 바로 아힌사인 것이다.

일종의 동물인 인간에게는 환경에 따라 힌사의 본능이 일어나며, 또한 어느 정도의 공격적인 생활 자세는 인간의 생존과 발전에 필요한 것이기도 할 것이다. 다만, 그 정도가 지나치면 인간의 존재와 사회에 파괴적이고 치명적이라는 데에 그 한계가 있다고 하겠다.

오늘날 곳곳에서 일어나는 긴장과 분쟁, 전쟁의 위험 속에서 우리가 서로 공존하기 위해서는 물리적인 폭력의 제거는 물론이고 정신적, 지적인 폭력도 추방해야 할 것이다.

모든 것을 자기본위대로 생각하여 자신의 의견에 반대하는 사람의 의견을 무조건 배척하고 부정하는 지적(정신적)인 힌사를 버리고, 대화를 통한 타협과 관용, 중용을 취하는 자세가 현대의 복잡하고 급변하는 사회 속에서 공존을 위해 더욱 요구된다고 하겠다. 범세계적으로 아힌사의 필요성과 나아가 이의 실천이 오늘날처럼 절실한 때도 없을 것이다.

마하트마 간디의 아힌사는 인간에 대한 사랑 바로 그것이었다. 사랑의 법칙은 아주 작은 벌레에서 인간에 이르기까지 모든 생명에 대한 동등한 배려를 요구한다. 간디에게 아힌사는 정책이 아니라 종교이고 신앙이었다. 그에게 있어 신에 이르는 유일한 길은 아힌사였다. 그는 오직 사랑(비폭력)만이 국제 관계, 인간 관계, 사회, 정부, 어디에서든 악을 이기고 선을 이룰 것이라고 믿었다. 국지적 전쟁과 테러가 빈번한 오늘날 세상을 유지하는 것은 힌사 곧 파괴적 에너지가 아니라, 아힌사 곧 창조적 에너지라는 간디의 사상을 되새겨 보아야 할 것이다. 폭력이 순간적이고 찰나적인 힘이라면, 아힌사는 영원한 생명력을 가진 기적의 힘인 것이다.

힌사(폭력)를 힌사로 인정하기는 쉽다. 그러나 일상생활에서 보이지 않는 폭력이 눈에 보이는 폭력보다 더 많고 더 위험할 수 있다는 사실도 알아야 한다. 나의 이기심과 쾌락 추구가 이웃과 사회에 폭력이라는 사실을 명심해야만 한다.

참고문헌

J. N. Farquhar, *The Crown of Hinduism*, Oxford University Press, 1971.

Juan Mascaro, *The Bhagavad Gita*, Penguin Books, 1962.

Judith M. Brown, *Gandhi, Prisoner of Hope*, Oxford University Press, 1922.

Judith M. Brown, *Gandhi's Rise to Power in Indian Politics 1915~1922*, Cambridge at the University Press, 1972.

K. S. Bharathi, *Satyagraha in South Africa*, Navajivan Publishing House, 1979.

M. K. Gandhi, *The History of My Experiment with Truth*, Navajivan Publishing House, 1976.

N. A. Nikam, *Some Concepts of Indian Culture*, Indian Institute of Advanced Study, 1967.

Paul Carus, *The Gospel of Buddha*, Publication Division, 1961.

Radhakrishnan, *The Hindu View of Life*, Unwin Books, 1968.

Raghavan Iyer, *The Moral & Political Thought of Mahatma Gandhi*, Oxford University Press, 1973.

Ramdhari Singh Dinkar, *Sanskriti Ke Char Adhayay*, Udayachal, 1975.

Romila Thapar, *A History of India I*, Penguin Books, 1966.

T. M. P. Mahadevan, *Outlines of Hinduism*, Chetana Limited, 1977.

한길사 편집부, 이재숙 옮김, 『우파니샤드』, 한길사, 1996.

아힌사 인도의 불살생 전통과 비폭력 사상

초판인쇄 2007년 10월 30일 | 초판발행 2007년 11월 5일
지은이 이정호
펴낸이 심만수 | 펴낸곳 (주)살림출판사
출판등록 1989년 11월 1일 제9-210호

주소 413-756 경기도 파주시 교하읍 문발리 파주출판도시 522-2
전화번호 영업·(031)955-1350   기획편집·(031)955-1357
팩스 (031)955-1355
이메일 salleem@chol.com
홈페이지 http://www.sallimbooks.com

ISBN 978-89-522-0731-9 04080
     89-522-0096-9 04080 (세트)

값 9,800원